약함을 돌보는 단어들

약함을 돌보는 단어들

김주련

성서유니온

일러두기

본문에 인용한 성경 본문은 대한성서공회에서 펴낸 새번역을 따랐으며, 그 외 역본을 인용했을 경우 따로 표기했습니다.

본문에 언급된 그림책은 215쪽에 상세히 밝혀 두었습니다.

책에 실린 사진은 모두 Unsplash(unsplash.com)에서 가져왔습니다.

차례

들어가는 말 7

약해지다 13
시들다 19
깨지다 27
잊다 37
물들다 45
늙다 53

보다 63
듣다 71
앉다 81
걷다 87
기다리다 97
펴다 107

울다 115
웃다 123
그리워하다 133
같이하다 141
안아주다 149
맞이하다 157

꿈꾸다 163
뿌리다 173
남기다 179
두다 187
살다 197
있다 205

나가는 말 213

들어가는 말

"요즘 뭐하고 지내세요?"

"아프고 있습니다."

알퐁스 도데의 『고통의 땅에서』(*La Doulou*)에 나오는 문장인데, 저도 은퇴 후 만나는 사람들에게 가장 많이 듣는 질문이기도 합니다. "요즘 뭐하고 지내세요?"라는 질문에 저는 알퐁스 도데의 말을 빌려, "늙고 있습니다"라고 답해야지 생각해 보았습니다. 별스럽지 않은 안부인사에 너무 별스럽게 답한다고 여기지 않을 만큼 친한 사이에서나 사용하겠지만, 생각할수록 뜻깊은 인사말입니다. 요즘은 하루에 하루를 더해 갈 때마다 몸의 움직임이 예전 같지 않다는 말을 자주 하게 됩니다. 전에는 하루 이틀 밤을 새며 책을 읽어도 거뜬했는데, 지금은 두어 시간 집중해서 읽고 나면 이내 눈앞이 하얘지면서 피곤이 몰려옵니다. 앉았다가 일어나는 동작에는 언제나 미세하게라도 앓는 소리를 동반하고 있습니다. 아쉽지만 몸의 움직임을 전보다는 조금씩 작게, 느리게 만들면서 최대한 무리를 피해 가는 수밖에 없는 날들입니다. 요즘 저는 이렇게 늙고 있습니다.

몸의 움직임이 더디고 머뭇머뭇해지면서 자칫 마음까지 위축되지 않도록 경계하며 신앙의 동사들을 생각해 보았습니다. 동사를 우리말로는 '움직씨'라고 하는데, 몸의 움직임이 힘들어지는 때에 신앙의 움직임은 오히려 유연하게 흐를 수 있겠다는 생각이 들었기 때문입니다. 그러고 보면 '뛰다', '놀다'와 같은 몸의 움직씨를 좀 더 자유롭게 사용할 수 있던 50대까지는, 신앙에 관해선 거의 이름씨(명사)만 외우며 살지 않았나 싶습니다. 믿음, 소망, 사랑과 같은 완성형 이름씨(명사)들을 입으로 말할수록 마치 제 것이 된 냥 오해하며 살았습니다. 하지만 이 이름씨들은 행한다, 견딘다, 수고한다와 같은 실천의 움직씨(동사)들이 따라 붙어야만 제 이름값을 할 수 있습니다. 신앙은 하나의 이름씨로 제자리에 멈춰 있지 않고, 다양한 움직씨로 여기저기 흘러가야 하는 생명력이기 때문입니다.

이 움직씨들을 따라가면서 제가 사용한 하나의 도구는 그림책입니다. 아이들이 읽는 그림책이 어른인 우리에게도 풍성한 이야기를 건네주는 순간을 많이 만나기 때문입니다. 『순전한 기독교』, 『나니아 연대기』 등으로 알려진 C. S. 루이스는 「어린이를 위한 글을 쓰는 세 가지 방법」이라는 글에서 "열 살 때는 동화를 몰래 읽었다. 그러다 들켰다면 창피했을 것이다. 그러나 50세가 된 지금은 동화를 드러내 놓고 읽는다. 나는 장성한 사람이 되어서는 어린아이의 일을 버렸는데, 유치함에 대한 두려움과 훌쩍 어른이 되고 싶던 마음도 함께 버렸다"라고 했습니다. 루이스는 이 글에서 성인이 된 지금이 어릴 적보다 동화를 훨씬 잘 즐길 수 있고, 그만큼 더 많은 것을 얻을 수 있다고 했습니다. 저 역시 뒤늦은 나이에 그림책을 새롭게 읽으면서 좋은 어른의 모습에 대한 그림을 조금 더 잘 그려 가고 있는 것 같습니다.

이 책은 「시니어 매일성경」에 "그림책으로 읽는 신앙의 움직씨"라는 제목으로 4년 동안 연재한 내용입니다. 많은 분의 관심과 사랑을 힘입어 단행본으로 출간하게 되었는데, 다시 원고를 정리하면서 혹시라도 제가 타자의 아픔과 약함을 어설프게 글의 재료로 삼지 않았는지 조심하며 마음을 기울여 여러 군데 새롭게 고쳐 썼습니다. 누군가에는 제 아픔과 약함의 경험들이 임살로 보일 만큼 작은 일일 수 있지만, 이렇게라도 곁에 있다 보면 조금의 힘을 거들어 드릴 수 있지 않을까 싶었습니다. 또 그 사이에 읽은 책들이 있어서 새로운 내용을 더하기도 하고, 다시 읽으며 어색한 부분은 많이 덜어내기도 했습니다.

이 책이 나올 수 있도록 같이 기획하고 지면을 만들어 준 성서유니온 김대로 대표와 「시니어 매일성경」의 서재석 편집자께, 좋은 책을 위해 부족한 문장 하나하나 놓치지 않고 꼼꼼히 살펴 준 천서진 간사와 본문의 내용을 가장 알맞은 그릇으로 담아 준 문정인 간사에게 감사 인사를 전합니다. 그리고 다른 사람의 돌봄을 받아야 할 나이에, 아슬아슬 생명의 빛을 비추고 계신 어머니를 돌보느라 긴 시간 정성을 쏟고 계신 주영, 주은 언니에게 이 책과 함께 감사 인사를 전합니다. 무엇보다 이 글이 저의 연약한 삶에 어떻게 닿아 있는지 가까이에서 가장 잘 알고 있는 길벗 애란에게 고마움을 전하고 싶습니다. 끝으로 온 마음을 다해 한 걸음 한 걸음 같이 늙어 가는 동료들께 응원을 담아 이 책을 나누고 싶습니다. 고맙습니다.

약해지다

매일 아침저녁으로 석촌호수 둘레를 천천히 뛰거나 걸으면서 좀처럼 근육이 만들어지지 않는 몸에 아쉬워합니다. 가끔 등산도 하고 자전거도 타지만, 더는 예전처럼 빨리 걷지 못하고 모든 게 느리기만 합니다. 갈수록 근력이 약해지고, 시력이 약해지고, 청력이 약해지고, 여기저기 다 약해지는 것 같습니다. '약해지다'라는 동사는 활기 있는 움직임과 달리 애써 움직이지 않아도 나이를 먹으면 몸이 알아서 익히는 말입니다. 모든 게 약해지면서 안경, 보청기, 지팡이와 같은 사물들이 '약해지다'라는 움직씨의 곁을 거들어 주고 있습니다.

몇 년 전에 한 교회에서 강의에 대한 사례로 핸드메이드 지팡이를 선물 받은 적이 있는데, 당시만 해도 저에게 지팡이의 쓸모가 언제 있을까 하며 웃었습니다. 하지만 최근에 이석증과 함께 어지럼증으로 지팡이의 유용함을 절절히 느끼면서 약해진 자리에 함께하는 존재들의 고마움을 생각했습니다. 뿐만 아니라 창문의 커튼을 열고 닫을 때, 스위치를 켜거나 끌 때에도 지팡이를 사용하면서 지팡이의 용도가 다양하게 즐거움을 주고 있습니다. 때로는 성가시고 어딘가 모르게 쓸쓸해 보이기까지 해서 가능하면 남들에게 보여 주고 싶지 않은 물건들이 누군가에게는 신기한 놀이 도구가 되기도 합니다.

『지난여름 할아버지 집에서』(아리안나 스퀼로니, 알바 마리나 리베라)라는 그림책에 나오는 할아버지의 지팡이 이야기가 있습니다. 할아버지에게 지팡이는 떼려야 뗄 수 없는 친구 사이입니다. 할아버지는 지팡이로 못을 박고, 과일을 따고 온갖 것을 할 수 있습니다. 그에 못지않게 할머니는 헌 스타킹으로 온갖 것을 묶으면서 많은 문제를 해결해 주었습니다. 해마다 여름이면 찾아오는 손자들에게 이 지팡이와 헌 스타킹은 손가락으로 다 셀 수 없을 만큼 많은 놀이를 할 수 있는 장난감이 되어 주었습니다. 어느 여름에 손자들은 할아버지의 오랜 창고에서 발견한 기왓장에 물감으로 그림을 그렸고, 할아버지는 손자들의 미술 작품이 그려진 기왓장을 하나씩 지팡이로 밀어 가며 비가 새는 지붕을 덮었습니다. 그런데 여름이 지나 긴긴 겨울이 되었을 때, 지붕 위에 쌓인 눈이 녹으면서 할아버지 할머니 집에 엄청난 일이 일어났습니다. 우중충한 집 안으로 알록달록 예쁜 비가 내린 것입니다.

약함으로 짚어 가는 이야기

모든 게 약해지는 할아버지 할머니 곁을 지키는 낡은 사물들이 새로운 쓰임새와 새로운 이야기를 만들어 내는 장면들을 보며, 저 역시 할아버지의 지팡이와 할머니의 안경을 가지고 놀던 어린 시절이 생각났습니다. 할아버지의 지팡이가 닭을 모는 놀이 도구가 되고, 할머니의 안경이 선생님 흉내를 내는 근사한 물건이 되었습니다. 모두 나이 듦의 시선으로는 쓸쓸한 사물들일지 모르지만 나이 어림의 시선으로는 신나는 장난감이 된 것입니다. 우리에게 약해져 가는 것들을 향한 새로운 시선이 필요함을 발견하게 됩니다. 약해진 무릎으로 어쩔 수 없이 지팡이를 들고 문을 나서는 순간이 있지만, 이 지팡이 때문에 만날 수 있는 이야기들을 상상하며 걸으면 좋겠다 싶습니다.

모세의 지팡이도 처음부터 기적의 도구가 아니라 오랜 광야 생활로 약해진 몸을 보호하기 위해 사용하던 일상적인 도구였습니다. 그 지팡이가 나일강을 가르기도 하고, 호렙산에 있는 반석을 쳐서 물이 나오게도 하고, 아말렉과의 전쟁에서 승리를 이끌어 내는 권능의 도구가 된 것입니다. 모세의 지팡이처럼 지금 우리의 약함을 지탱해 주는 도구들이 단지 흔들리는 내 몸을 지탱해 주는 정도가 아닐 수 있습니다. 지금까지 생각해 보지 못한 어떤 이야기의 시작이 될 수 있습니다. 처음엔 우리의 약함에서 비롯했을지라도, 우리를 둘러싼 존재들에게 새로운 즐거움을 줄 수 있다는 설렘으로 다시 곁에 있는 사물들을 만져 봅니다.

구멍 난 곳에서 피어나는 이야기

『지난여름 할아버지 집에서』의 이야기는 할아버지 할머니가 구멍 난 지붕에서 내리는 알록달록 꽃비를 바라보며 즐거워하는 모습으로 마칩니다. 사실 이 지붕은 여름이면 비가 새서 할아버지의 지팡이로도, 할머니의 스타킹으로도 막을 수 없는 안쓰러운 상태였습니다. 그런데 손자들이 그린 그림 기왓장이 구멍 뚫린 지붕을 덮었고, 봄이 되어 녹는 눈과 함께 기왓장의 물감도 같이 흘러 예쁜 색깔의 비가 내리게 된 것입니다. 어쩌면 할아버지 할머니의 낡은 집은 여기저기 바람이 숭숭 들어오는 할아버지 할머니의 늙은 몸과 많이 닮아 있습니다. 나이를 먹으면 아무리 옷을 많이 껴입어도 몸속으로 바람이 숭숭 들어온다고들 하니까요. 그런데 재미난 것은 이 숭숭 난 구멍으로 알록달록 꽃비가 내린다는 반전입니다. 우리의 낡고 약해진 것들에 새로운 색을 입힌 타자의 이야기가 흘러 들어오면서 지난여름의 추억이 새롭게 살아난 것입니다. 철학자 한병철은 『사물의 소멸』에서, 우리가 약해지면 고요한 사물의 언어를 수용할 수 있다면서, "상처가 없으면 나는 궁극적으로 오직 나 자신의 메아리만 듣는다. 상처는 구멍, 곧 타자를 향해 열린 귀"라고 말했습니다. 우리 삶에 약해지고 부서져서 구멍 난 것들이 있을 때 비로소 다른 사람에게 마음을 기울여 들을 수 있는 귀가 열린다는 것입니다. 할아버지 집의 구멍 난 지붕에서 아이들의 찬란한 이야기꽃이 새롭게 피어난 것처럼, 우리의 약해진 자리에 어떤 기운이 새롭게 올라오게 될지 기대해 봅니다.

우리가 덧입어야 할 이야기

모든 생명 있는 존재는 낡고 늙어 흙으로 돌아갑니다. '낡다', '늙다', '흙'이라는 낱말에 공통받침으로 쓰인 'ㄹㄱ'을 보면서 어떤 흐름이 뚝 꺾이고 끊기는 느낌이 들었습니다. 'ㄹ'은 앞뒤로 열려 있어서 지속적으로 흐르는 느낌이 드는 반면에, 붙어 사용된 'ㄱ'은 그 지속된 흐름이 한풀 꺾이는 것 같습니다. 우리의 모습이 한때는 날아다니는 것처럼 팔팔했고, 그 시간이 한없이 늘어지는 것처럼 지루하기도 했지만, 지금은 점점 낡고 늙고 있습니다. 나이 듦은 분명 우리의 겉모습이 이렇게 약해지고 있음을 매일 느끼게 해 줄 것입니다. 그런데 겉모습과 달리 속사람은 낡거나 늙지 않을 수 있습니다.

바울은 고린도 교회에 보낸 편지에서 "땅에 있는 우리의 장막집이 무너지면, 하나님께서 지으신 집, 곧 사람의 손으로 지은 것이 아니라 하늘에 있는 영원한 집이 우리에게 있는 줄 압니다. 우리는 하늘로부터 오는 우리의 집을 덧입기를 갈망하면서, 이 장막집에서 탄식하고 있습니다. 우리가 이 장막을 벗을지라도, 벗은 몸이 되지 않을 것입니다"(고후 5:1-3)라고 함으로써, 약해진 몸에 덧입혀진 생명의 기운이 새롭게 시작된다는 사실을 밝혀 주고 있습니다. 육체의 시력과 청력과 근력은 약해지지만 오히려 속사람은 더 오롯이 새로워지고 단단해지면서 고요한 생명의 힘을 덧입고 있음을 알 수 있습니다. 그러므로 신앙인에게는 '약해지다'라는 몸의 동사에 '덧입는다', '갈아입는다'라는 영혼의 동사가 마침맞게 들어서 있음을 발견하게 됩니다.

시들다

언제부터인가 눈앞에

만물의 변화가 보인다.

무엇인가 우뚝 서서 몸짓을 하며

죽이고 또 아픔을 준다.

시시로 모습을 달리하는

모든 정원들.

샛노란 잎새들이 천천히 짙게 물들면서

시들어 떨어진다.

내가 걸어온 아득한 길.

시를 좋아하지 않더라도 가을이 오면 누구나 한 번쯤은 릴케의 시를 떠올릴 만큼, 가을 시인으로 사랑받는 라이너 마리아 릴케(Rainer Maria Rilke)의 『두이노의 비가』에 수록된 「가을의 끝」이라는 시 앞부분입니다. 만물의 출렁거림으로 가득했던 여름이 지나고 가을이 되면, 해가 저무는 시간에 어울리는 빛으로 서서히 몸도 마음도 바뀌어 가는 기분이 듭니다. 모든 게 익어 가는 계절이어서 든든하게 뿌듯해지는 동시에 점점 시들어 떨어지는 가을 풍경 속에서 한때 활짝 피고 열매 맺었던 우리의 삶도 천천히 남은 잎을 떨어뜨려야 할 때임을 배우게 됩니다. 시들다, 떨어지다와 같은 동사들이 자연의 모든 계절 속에서 제때, 제 역할을 하는 모습을 잘 바라봐 줄 수 있었으면 하는 바람으로 '시들다'라는 움직씨를 생각해 봅니다.

'시들다'라는 동사는 분명 꽃을 피우고 열매를 맺는 아름다운 생명력과는 다른 느낌입니다. 봄의 새싹은 작고 가냘플지라도 생명의 신비와 희망의 행진을 가늠케 하는 분위기를 자아내지만, 시들어 떨어지는 가을 나뭇잎은 뭔가 대담해 보이면서도 왠지 쓸쓸하고 안쓰러워 때론 외면하고 싶은 마음이 듭니다. 그럼에도 굳이 '시들다'라는 동사 곁에서 생각이 머무는 이유는, 중력의 법칙에 따라 우리 모두 시들어 떨어지는 순간이 찾아오겠지만 그 시들고 떨어진 자리에서 비롯될 다른 좋은 이야기들이 기대되기 때문입니다.

얼마 전 응급상황을 거쳐 잠시 병원에 입원하는 일을 겪으면서 나이 듦과 시듦이라는 상황이 어떤 신념과 확신으로 극복해낼 수 있는 것이 아니라 진실하게 받아들여야 할 현실임을 조금이나마 깨닫게 되었습니다. 더불어 시들어 떨어지는 차례가 내게도 다가오고 있다는 사실은, 그 전에 잎이 나고 꽃이 피고 열매 맺는 찬란이 제시간에 제자리에서 알맞게 펼쳐졌음을 증언하고 있었습니다. "노년은 모든 나이를 갖게 되었음을 보여 주는 때"라는 누군가의 말처럼, 제 인생에서도 더 많은 나이를 소유한 성숙의 때가 시작되었음을 알게 되었습니다.

어릴 때의 자유로움, 젊을 때의 기운참, 나이 들 때의 견실함이 다 들어차서 어느 때보다 풍요로운 시기를 맞이할 수 있는 길목에 들어서며, '시들다, 떨어지다'라는 동사와 함께 제가 가야할 길을 잘 걸이가고 싶습니다. 파커 파머(Parker J. Palmer)가 나이 여든이 넘어 쓴 『모든 것의 가장자리에서』는 예이츠(W. B. Yeats)의 시 「세월과 함께 찾아오는 지혜」를 인용하며 '진실을 향해 시들어 가는 나이'를 잘 건사하며 살아가는 법을 보여 줍니다.

이파리는 많아도 뿌리는 하나
거짓으로 보낸 젊은 시절 동안
햇빛 아래서 잎과 꽃들을 흔들어댔지
이제 나는 진실을 향해 시들어 가네

모든 한때의 나를 축복하며

바울은 "우리는 하나님의 작품"(엡 2:10)이라고 했는데, '작품'이라는 단어의 헬라어인 '포이에마'는 '시'(poem)의 어원이 되는 단어입니다. 다시 풀어 보면 '우리는 하나님의 시'라는 말입니다. 하나님의 시로서 우리 인생은 어느 화창한 시절만 하나님의 선함을 드러내는 것이 아니라, 모든 한때가 다 창조주의 손길을 드러냅니다. 어릴 때든지, 젊을 때든지, 나이 들 때든지, 모든 시간 모든 곳에서 창조주의 작품으로 존재하고 있습니다. 앞에서 언급한 파커 파머가 같은 책에서 "온전함이란 완전함을 의미하지 않는다. 그것은 부서짐을 삶의 총체적인 부분으로서 끌어안는다는 뜻"이라고 말한 것처럼, 시들어 부서지기 쉬운 나이 역시 온전한 '창조주의 작품'이자 '창조주의 시'로서 지금 여기를 살아가고 있습니다.

『민들레는 민들레』(김장성 글, 오현경 그림)라는 그림책은 모든 한때의 나를 축복하는 글과 그림으로 많은 울림을 주고 있습니다. 책을 열면 보일 듯 말 듯 그려진 작은 새싹이 있습니다. 무슨 싹인지 잘 모르겠지만, 그 옆 페이지에 '민들레는 민들레'라는 말이 새싹의 존재를 밝혀 줍니다. 이름이 없는 꽃은 어디에도 존재하지 않는 것처럼, '민들레는 민들레'라고 하니 무슨 싹인지 모를 새싹이 민들레로 존재하는 겁니다. 우리 또한 아무리 볼품없고 미미할지라도 창조주의 작품으로 그 이름이 불리는 한 틀림없이 창조주의 손길을 드러내는 존재입니다. "싹이 터도 민들레", "잎이 나도 민들레", "꽃줄기가 올라와도", "민들레는 민들레"라는 책속의 글과 그림처럼, 우리 인생도 어느 시기에나 항상 하나님의 작품으로 존재하고 있습니다. 심지어 민들레가 피어 있는 곳이 가로수 밑 철망 사이거나 위태롭게 갈라진 벽 틈이거나 낡은 기와지붕 사이여도 민들레는 민들레입니다. 창조주의 작품인 우리 또한 어떤 척박한 상황에 놓여 있을지라도 어디에서든 하나님의 향기를 나타내는 존재입니다. 장소적 의미에서뿐만 아니라 관계적 의미에서 혼자 피어 있어도, 둘이어도, 들판 가득 피어 있어도 민들레는 민들레입니다. 또 시간적인 의미에서도 꽃이 지고, 씨가 맺히고, 불어오는 바람에 씨가 다 날아가 버려도 민들레는 민들레입니다.

사람들은 보통 한창 꽃을 피워 절정을 이루는 시기에는 많은 친구가 곁에 있지만, 나이 들어 시들어 가는 시기에는 찾아오는 사람도 반기는 사람도 드물어 외로운 시간을 보냅니다. 누구든 시들어 가는 존재를 사랑하기가 쉽지 않기 때문입니다. 그래서 한국의 꽃 축제들은 꽃이 시들 수 있는 시간조차 주지 않고 한꺼번에 뽑아 버리고 그 자리에 새로운 꽃을 심곤 하는 것 같습니다. 그런 시선들이 사람에게도 적용되면서 자연스러운 노화현상을 부끄러움으로 여기고 각종 노화방지 프로그램과 상품들에 마음을 빼앗기고 있습니다. 하지만 창조주의 작품으로서 우리는 한창 때와 동일하게 언제든, 어디서든, 하나님의 시로 존재하고 있음을 기억해야 합니다. 시(詩)가 한자어 뜻풀이처럼 거룩한 집에서 오랜 시간 지어지는 말이라면, 우리는 나이를 더해 가고 삶의 온갖 면을 겪을수록 더 잘 지어진 한편의 시로 완성되어 갈 것입니다. '시들다'라는 동사가 정성을 다해 잘 시들어 갈 수 있도록 도와주는 황선하 시인의 「시든 꽃에 반하다」라는 시가 있습니다.

시들어 가는 꽃을 보면

놀라지 않게 조심스럽게 다가가

입술에 닿은 깃털의 촉감 같은 목소리로
"아직 햇빛이 반할 만하오" 하고 속삭여 주어야지.

자연스러운 당연의 세계

『모든 단어에는 이야기가 있다』라는 책에서 이진민은 "당연하지!"(Natürlich, 나튀얼리히)라는 말은 자연(Natur)에서 왔다고 하면서 자연스러운 것이 당연한 것이라고 했습니다. 그리고 이 당연은 사람이 만든 게 아니라 자연에서 오는 것이라고 했습니다. '시들다', '떨어지다'라는 동사 역시 식물 세계에서는 당연히 자연스러운 일입니다. 겨울을 대비하여 영양 손실을 최소화하고 다가올 척박한 시간을 잘 버티기 위해 자연 세계가 스스로 시들어 떨어지는 당연한 선택을 하게 된 것입니다. 당연히 우리 인간에게도 시들어 가는 과정이 있고, 이 시들어 가는 모습을 추하게 여기지 않고 자연스러운 현상으로 볼 수 있어야 합니다. 함께 식사하는 자리에서 노인들은 자주 음식을 흘릴 수 있고, 아무리 크게 말해도 무슨 소리인지 알아듣지 못해 소통이 안 될 수 있습니다. '나는 저렇게 늙지 말아야지' 하며 한숨을 쉬기보다 '자연스러운 과정'으로 볼 수 있는 자연스러운 시선이 필요합니다. 그분들의 '시들다'라는 동사 뒤에 비로소 우리의 '피어나다'가 태어난다는 사실을 기억해야 합니다.

본래 '사람, 사랑, 삶'이라는 단어가 한 뿌리에서 나왔으며, 모두 '사르다'라는 말에서 파생되었다는 글을 읽은 적이 있습니다.

사람의 생애가 자신을 사르지 않고는 살 수도 사랑할 수도 없다는 말일 겁니다. 자신을 사르며 왔기에 여기까지 사랑하며 살아오느라 지금은 시들고 떨어지는 중에 있습니다. 릴케는 「전회」라는 시에서 "눈의 작업은 그만하면 됐다. 이제는 심장의 작업을 하라"고 했는데, 지금은 눈이 아닌 심장의 작업으로 시들고 마르고 떨어지는 것들을 바라보고 받아들이는 시간이 되었습니다. 사실 모든 만물이 시들고 떨어집니다. 그런데 고맙게도 떨어지는 우리를 받쳐 주는 어느 한 분의 든든한 손이 있으니 무섭지 않습니다.

나뭇잎이 진다. 잎이 진다.

…

우리는 모두 떨어진다. 이 손도 떨어진다.

다른 것을 보라. 조락은 어느 것에나 있다.

그러나 이 조락을 한없이 부드럽게

두 손으로 받쳐 주는 어느 한 분이 있다.

— 라이너 마리아 릴케, 「가을」

깨지다

늦은 오후
성당에 가서 무릎을 꿇었다
높은 창
스테인드글라스를 통과한 저녁 햇살이
내 앞에 눈부시다
모든 색채가 빛의 고통이라는 사실을
나 아직 알 수 없으나
스테인드글라스가
조각조각난 유리로 만들어진 까닭은

이제야 알겠다

내가 산산조각난 까닭도

이제 알겠다

정호승 시인의 「스테인드글라스」라는 시입니다. 유럽 여행 중 오랜 성당들에서 만나는 스테인드글라스의 빛은 여행자들의 호기심 어린 시선을 순식간에 순례자의 기도로 만들어 버릴 만큼 아름답습니다. 조각난 유리로 만들어진 색채의 빛은 화려하면서도 난삽하지 않고, 강렬하면서도 고요하게 여행자들의 마음을 저마다의 성소로 밝혀 주는 듯합니다. 모든 색채가 빛의 고통이라는 사실을 다는 모르겠지만, 눈부신 그 빛 앞에서 시인의 마음을 따라가다 보면 스테인드글라스가 조각난 유리로 만들어진 까닭을 조금은 알 듯합니다. 우리 인생도 여기저기 깨지고 얼룩진 상처들로 널브러져 있기 때문입니다. 특히 우리 노년의 삶은 날이 갈수록 더 많이 깨지고 더 쉽게 다치면서 더 자주 주저앉게 되는 것 같습니다.

깨진 그릇, 꺼져 가는 등불

헨리 나우웬(Henri Nouwen)은 『나이 든다는 것』에서, 다윗이 시편 31편에서 자신의 삶을 '깨진 그릇'과 같다고 탄식한 것에 빗대어 오늘날 노인의 존재를 설명했습니다. 요즘 노인들 역시 몸과 마음의 활력을 잃고, 시력도 잃고, 근력은 말라 버려서, 마치

거리에서 만나는 이들이 피해 지나가는 '깨진 그릇' 같은 신세가 되었다는 것입니다. 그리고 노인들에게는 좀처럼 곁을 내주지 않는 우리 사회를 아쉬워하면서 시몬 드 보부아르가 『노년』이라는 책에서 언급한 '늙음이 죽음보다 훨씬 두렵다'라는 문장이 실제로 많은 노인의 현실이 되었음을 지적했습니다. 하지만 '상한 갈대를 꺾지 않으며, 꺼져 가는 등불을 끄지 않는'(사 42:3) 주의 종이 여전히 '쇠하지 않으며, 낙담하지 않고'(사 42:4) 그의 가르침으로 우리를 호위하고 계신다는 사실도 오늘 우리가 마주한 분명한 현실입니다. 뿐만 아니라 빛이 비치는 최적의 조건이 '깨진 유리'라는 사실을 떠올리면서, 우리가 깨진 존재이기 때문에 그 틈으로 빛이 스며들고 또 그 빛이 새어 나오는 통로가 될 수 있다고 고백할 수 있습니다. 함께 나이 듦의 여정에 있는 동반자들과 더불어 '깨지다, 다치다, 부서지다'와 같은 연약한 동사들을 잘 돌보고 싶습니다.

> **은 줄이 풀리고 금 그릇이 깨지고 항아리가 샘 곁에서 깨지고 바퀴가 우물 위에서 깨지고 흙은 여전히 땅으로 돌아가고 영은 그것을 주신 하나님께로 돌아가기 전에 기억하라.** (전 12:6-7, 개역개정)

풀리고, 깨지고, 깨지고, 깨지고…. 해 아래서의 허무한 인생에 대한 시선이 정직하게 그려진 전도서 12장에 기록된 말씀입니다. 청년의 때에 창조주를 기억하라는 말씀으로 시작되는 전도서 12장은 이내 하나님께로 돌아가는 죽음의 순간을 기억하며 지금의 순간을 하나님 앞에서 잘 살아가라고 권면합니다. 인생은 어느덧 창창하던 시절을 훌쩍 넘기고, 자꾸만 풀리고 부서지고 깨지는 속수무책의 시간이 다가오고 있습니다. “무쇠도 닳네, 닳아.” 많은 이에게 감동을 준 드라마 <폭싹 속았수다>의 한 장면에서, 언제나 무쇠 팔 무쇠 다리 같던 남편이 나이도 들고 절뚝거리며 걷자 아내가 하는 말입니다. 우리도 한때 무쇠 같은 시절이 있어서 자식을 위해서라면 어디에도 없는 기적 같은 힘을 끌어와 있는 힘껏 살아왔습니다. 하지만 지금은 자식에게 폐를 끼치지 않고 내 한 몸 건사하며 살아가는 일이 지상 최대의 사명인 듯 겨우겨우 삶을 꾸려 가고 있습니다. 그런데 더할 수 없이 쓸쓸한 분위기를 자아내는 전도서에 기록된 ‘깨지다, 부서지다’라는 단어를 더 찾아보니, 앞서 언급한 이사야서에도 이 단어가 사용되었습니다. 바로 하나님이 보내신 주의 종을 가리키는 말로, “그는 상한 갈대를 꺾지 않으며”라는 구절의 ‘상한’이라는 단어와 “그는 쇠하지 않으며, 낙담하지 않으며”의 ‘낙담’이라는 단어가 같은 뜻이었습니다. 그러니 깨지고 부서지는 인생이라도 주의 종이 그 손을 잡고 걸어가며 그의 빛으로 호위받는 삶이라면(사 42:6), 황혼의 시간에도 여전히 새 노래를 지어 부를 수 있는 새 기운이 있다는 믿음을 가질 수 있습니다.

아직 남아 있는 강철 이빨 하나

깨지고 부서진 삶이 보여 주는 빛의 훈훈함을 『강철 이빨』(클로드 부종)이라는 그림책에서 만날 수 있습니다. 이빨이 하나밖에 없는 할아버지 늑대와 이 사실을 신기해하는 손자 늑대 르나르도의 이야기입니다. 할아버지에게는 이빨이 셀 수 없을 만큼 많았을 뿐만 아니라 눈처럼 하얗고 칼날처럼 뾰족해서 모두들 '강철 이빨'이라고 불렀던 때가 있었습니다. 할아버지의 번쩍거리는 이빨에 다들 무서워 떨었다고 하자, 손자는 할아버지에게 그런 굉장한 이빨이 지금은 왜 다 없어져 버렸는지 물었습니다. 할아버지는 처음 이빨은 오리를 잡아먹으려다가 빠졌다고 했습니다. 그 오리는 사냥꾼들이 미끼로 쓰려고 만든 나무오리였기 때문에 덥석 물었다가 강철 이빨 하나가 깨져 버린 것입니다. 다음 이빨들은 달밤에 정체 모를 짐승과 결투를 벌이다가 날아갔고, '최강 이빨 모임'의 친구들과 신나게 뼈다귀를 물어뜯으며 파티를 하다가 또 몇 개가 빠져 버렸습니다. 그러다가 늑대 할아버지는 결혼을 하고 가족을 먹여 살리기 위해 남은 이빨을 알뜰살뜰히 건사하면서 봄, 여름, 가을, 겨울 가리지 않고 닥치는 대로 사냥을 했습니다. 그런데 어느 순간부터 몸에 흰털이 나기 시작하고, 이빨도 우수수 빠지더니, 심지어 바나나를 먹는데도 이빨이 빠져 버렸고, 결국 이빨 하나만 남게 된 것입니다.

우리도 한때는 나무뿐 아니라 돌을 씹어 먹고 소화할 수 있을 만큼 힘이 넘쳐났습니다. 약간의 치기와 만용, 그리고 과시욕으로 헛되이 힘을 쓰면서 많은 것을 잃어버리기도 했습니다. 또 가족의 안위를 위해 있는 힘 없는 힘 다 모아 쓰며 살아오다가, 어느 날 문득 손마디가 구부러지고 다리를 절뚝이는 자신의 모습을 마주하게 되었습니다. 이제 마지막 하나만 남았습니다. 그림책에서 보여 주는 이야기도 그렇습니다. 아직 남아 있는 강철 이빨 하나의 쓸모가 기다리고 있습니다. 할아버지는 그 쓸모를 보여 주기 위해 손자의 손을 잡고 밖으로 나가다가 그만 문지방에 걸려 넘어지면서 마지막 남은 이빨 하나마저 튕겨 나가고 말았습니다. 생의 마지막에 멋진 사냥으로 강철 이빨의 근사한 쓸모를 보여 주려던 할아버지의 희망은 온데간데없이 사라져 버렸습니다. 그런데 순간 손자가 달려가 할아버지의 이빨을 낚아채면서 소리쳤습니다. 할아버지의 이빨은 자기 거라고, 이건 행운의 이빨이기 때문에 사냥할 때나 쉴 때나 언제든 자기를 지켜 줄 거라고, 자기에게는 이빨이 많지만 할아버지의 이빨이 꼭 필요하다고 하며 사랑스럽게 움켜쥐었습니다. 뜻밖에도 삶은 이렇게 이어지고, 이야기도 또 새롭게 이어져 가고 있습니다.

망가진 것은 예전으로 돌아갈 수 없지만 다른 무언가가 될 수는 있다. 그것들은 다시 만들어질 수 있다.

노년의 정원사 마크 헤이머(Marc Hamer)가 자연에서 배운 것을 쓴 『두더지 잡기』라는 책을 재미있게 읽으며 밑줄 친 구절입니다. 어느 날 아픔을 당한 친구가 우울한 목소리로 "유리잔은 깨져 버렸어. 되돌릴 수가 없다고"라고 말했는데, 마크 헤이머는 그 말이 틀렸다고 하면서 위의 말을 기록했습니다. 모든 것은 일시적이고, 닳아서 먼지가 되고, 모든 것에는 끝이 있지만, 모든 것은 다음의 시작을 품고 있다고 했습니다. 그러면서 치유란 예전 상태로 되돌리는 데서 생겨나는 것이 아니라, 수용과 용서와 사랑과 성장과 재출발을 통해 생겨나는 것이라고 덧붙였습니다.

『강철 이빨』에는 늑대 할아버지의 마지막 이빨이 속절없이 날아가 버렸지만, 그 물컹한 자리에 어린 손자의 단단한 희망이 들어차면서 새롭게 시작되는 이야기가 그려져 있습니다. 마지막 순간까지 뭔가 대단한 힘을 보여 주고 싶은데 오히려 연약한 모습을 보여 줄 수밖에 없어 부끄러울 수 있지만, 그 연약한 물렁함이 새 힘을 돋게 하는 바탕일 수 있었던 것입니다. 우리는 바울의 표현처럼 분명 잘 깨지고 부서지는 질그릇 같은 존재이지만, 또한 하나님의 영광을 아는 빛을 마음에 담고 살아가고 있습니다(고후 4:6-7).

우리의 흉터마저도 은총의 무늬

오래전에 읽은 이청준 작가의 「흉터」라는 단편소설이 있습니다. 이 소설에도 할아버지와 손자가 등장하는데, 어린 손자는 방학 때마다 시골의 할아버지와 함께 지냈습니다. 그때마다 손자는 할아버지 몸 여기저기에 있는 흉터들을 찾아내 그 흉터에 얽힌 이야기를 들으면서 할아버지의 삶을 상상하는 즐거움에 빠졌습니다. 왼쪽 발목에 있는 흉터는 세월이 흘러서 알게 되었고, 더 자라서 왼쪽 손등에 있는 흉터의 이야기를 들었습니다. 손자는 할아버지의 흉터가 단순히 흥미로운 이야깃거리가 아니라 할아버지 인생의 자랑스러운 훈장과도 같은 것임을 알았습니다. 오래된 흉터가 이제는 특별한 의미가 담긴 새로운 무늬가 되어 손자에게 전해진 것입니다. 이처럼 흉터는 삶의 불가피한 요소로, 누구나 어떤 모양으로든지 흉터를 지니고 살아갑니다. 복효근 시인은 「상처에 대하여」라는 시에서, 아이들의 여드름마저도 초여름 고마리꽃을 닮았다고 하면서 이렇게 썼습니다.

요즈음 보니
모든 상처는 꽃을
꽃의 빛깔을 닮았다

우리 몸에도 이런저런 상처로 생긴 흉터가 많이 있습니다. 저마다 하나씩 찾아 누구에게 말해 주거나 글을 쓸라치면 족히 책 한 권씩은 나오지 않을까 싶습니다. 바울도 고린도 교회에 쓴 편지에서 자신의 몸에 여기저기 새겨진 흉터를 말하면서, 옥에 갇힌 이야기, 유대인들에게 사십에서 하나를 감한 매를 다섯 번이나 맞은 이야기, 돌에 맞은 이야기, 배가 부서진 이야기, 헐벗고 굶주린 이야기, 온갖 위험에 처해 깨지고 다친 이야기를 하며 자신의 약함을 자랑했습니다. 그리고 갈라디아 교회에 쓴 편지에서는 자신의 몸에 그리스도의 흉터를 지니고 있다(갈 6:17)고 고백했습니다. 그렇게 깨지고 부서지며 생긴 흉터가 지금은 하나님이 어떻게 바울을 구원해 주셨는지를 드러내는 증거가 되었습니다. 바울은 자신의 흉터를 볼 때마다, 그 모든 위험에서 하나님이 자기를 건지셨고 이후에도 건지실 것을 신뢰할 수 있었습니다(고후 1:10). 우리 삶에서 깨지고 부서진 이야기는 어떤 이야기로 새롭게 빚어지고 있는지 생각해 보고 싶습니다.

이 사람 고니야는 깨져서 버려진 항아리인가?

아무도 거들떠보려고 하지 않는 질그릇인가?

예레미야 22장에서 여러 왕을 다루는 예언을 하던 예레미야가 유다 왕 고니야에 대한 슬픈 예언을 하며 탄식하는 구절입니다(렘 22:28). 고니야는 '여호와는 견고케 하신다'는 뜻을 지닌 이름이지만, 하나님 앞에서 악을 행한 그의 삶은 천하고 깨진 그릇으로 혐오의 대상이 되었습니다. 깨지고 부서지고 산산조각이 나서 더는 어떻게 손을 쓸 수 없는 비극적인 삶이었습니다. 그런데 예레미야서 마지막 장 마지막 장면(렘 52:31-34)은 바로 이 사람 고니야에 대한 흥미로운 사실을 전해 주고 있습니다. 여호야긴이라는 이름으로도 불리는 고니야는 바벨론에 끌려가서 감옥에 갇혔지만 바벨론 왕이 그에게 특사를 베풀어 석방되었습니다. 그리고 바벨론에 있는 다른 왕들의 자리보다 높은 자리에 앉았고, 남은 생애 동안 늘 왕과 한 상에서 먹으며, 죽는 날까지 매일 일정하게 생계를 보장받았습니다. 참으로 미약하고 희미해 보이지만, 하나님의 약속이 어떻게든 회복되어 다시 희망이 싹트고 있음을 보여 주는 장면입니다. 완전히 깨지고 부서진 존재일지라도, 토기장이이신 하나님이 그를 다시 새롭게 빚어 가시며 새로운 빛을 비추는 그릇이 되게 하신다는 복음 이야기입니다. 릴케의 『두이노의 비가』에 수록된 소네트의 한 구절입니다.

여기, 사라지는 것들과 더불어, 기울임의 영역에 존재하라.

울림 속에서 이미 깨진, 울리는 유리잔이 되어라.

우리는 모두 깨진 그릇입니다. 그래서 전과는 다른 무엇, 오히려 새로운 울림을 주는 특별한 유리잔이 될 수 있습니다. 우리의 깨진 조각들을 모아서 형형색색의 유리잔을 만들어 가시는 하나님의 복음 이야기가 우리의 '깨지다'라는 동사와 함께 새롭게 시작되면 좋겠습니다. 우리의 흉터마저도 은총의 무늬가 되었다는 이야기가 누군가에게 전해지면서 그로 하여금 조금 더 단단한 마음으로 그 길을 다 갈 수 있도록 응원이 되면 좋겠습니다.

잊다

어디 우산 놓고 오듯
어디 나를 놓고 오지도 못하고
이 고생이구나
나를 떠나면
두루 하늘이고
사랑이고
자유인 것을

며칠 전, 춘천에서 모임을 마치고 돌아오는 길에 잠시 가평휴

게소에 들렀는데, 자동차 키를 찾지 못해서 한바탕 난리를 치른 적이 있습니다. 내려서 찾아보니 자동차 외부의 보닛과 와이퍼 사이에 자동차 키가 있었습니다. 자동차 키를 밖에 두고 한 시간여 거리를 달려온 사실에 아찔함과 동시에 무사하다는 사실에 고마움을 느끼는 순간이었습니다. 이런 때면 늘 정현종 시인의 「어디 우산 놓고 오듯」이라는 시가 생각나곤 했습니다. 비 내리는 아침에 우산을 들고 나갔다가 비가 그치면 어딘가에 우산을 놓고 오듯, 지금까지 지내 오는 동안 수도 없이 많은 잊어버림이 있었습니다. 하루에도 몇 번씩 휴대폰을 찾는 일이 생기고, 인터넷 검색창에서 마우스 커서의 깜빡거림을 보며 순간 무엇을 검색하려고 했는지 까맣게 잊어버릴 때가 많습니다. 그럼에도 30년 전 어떤 일은 잊어버리지 않고 마치 어제 일인 듯 또렷이 떠올리곤 하니, '잊다'와 '잊지 않다'가 뒤섞인 채로 우리 삶을 피곤하게 하는 것 같습니다. 점점 잊어버리는 것이 많아지는 요즘, 잊고 살아도 괜찮은 일들에 조금씩 마음을 놓으며 '잊다'라는 동사가 전해 주는 고마움들을 챙겨 보고 싶습니다.

잊다, 내 것이라고 챙기기 전에

'잊다'라는 동사와 비슷한 말로 '까먹다'가 있습니다. '귤을 까먹다' 할 때처럼 어떤 껍질이나 껍데기에 싸여 있는 것을 내어 먹을 때 쓰이기도 하지만, 어떤 사실이나 내용 따위를 잊어버릴 때 쓰이는 동사입니다. 이 '까먹다'라는 동사를 이중적인 의미로 재미있게 사용하면서 동시에 뭉클한 교훈을 주는 이야기가 있습니다. 많은 동화를 통해 어린이들에게 따뜻한 삶의 자세를 보여 주는 유은실 작가의 『까먹어도 될까요』라는 책 이야기입니다. 깊은 산 까먹마을에 살고 있는 다람쥐들이 도토리 껍질을 잘 까먹는 이야기와 함께, 도토리를 어디에 묻어 두었는지 잘 까먹는다는 이중적인 내용이 담겨 있습니다. 도토리를 잘 까먹는 다람쥐들은 가을에 부지런히 도토리를 주워 땅속 보금자리에 묻어 두었지만, 어디에 묻었는지는 잘 까먹었습니다. 하지만 모두 까먹기 때문에 누가 묻어 둔 것인지 상관없이 도토리를 찾아 까먹을 수 있어서 아무런 문제가 되지 않았습니다. 그래서 다람쥐들은 '잘 까먹는 세상'이 좋았습니다.

하지만 줄무늬 다람쥐는 생각이 달랐습니다. 자신은 열심히 노력해서 많이 묻어 두었는데, 다른 다람쥐들이 찾아 먹는 것이 불공평하고 억울하다는 생각이 들었습니다. 그래서 약초 할머니에게 찾아갔는데, 할머니는 자신도 약초 빼 놓고는 다 까먹는다고 하면서 "까먹어도 되는 건 까먹어도 괜찮다"고 말해 주었습니다. 하지만 줄무늬 다람쥐는 할머니의 말이 듣기 싫었고, 물구나무를 서서 다람쥐를 거꾸로 '쥐람다'라고 부르고 도토리를 묻어 두면 다음날에도 까먹지 않는다는 방법을 스스로 찾게 되었습니다. 줄무늬 다람쥐는 자신의 비법에 아무도 귀를 기울이지 않자, 산꼭대기에 가장 '튼튼한 집'을 짓고 열심히 도토리를 모았습니다. 그러던 어느 봄날에 큰 지진이 나서 집이 무너지고 줄무늬 다람쥐도 크게 다쳤는데, '까먹마을' 다람쥐들이 찾아와 줄무늬 가족을 구해 주었습니다. '까먹마을' 다람쥐들은 다른 것은 다 까먹어도 자신이 누구인지, 누구를 어떻게 도와야 하는지는 까먹지 않았던 것입니다. 오히려 도토리 묻은 곳을 안 까먹으려고 아등바등했던 줄무늬 다람쥐는 앞니가 부러져 묻어 둔 도토리를 까먹지 못하면서, 까먹어도 괜찮은 것과 결코 까먹지 말아야 할 것이 무엇인지 알려 주는 유쾌한 이야기였습니다.

잊다, 내가 한 일이라고 말하기 전에

그 때에 의인들은 그에게 대답하기를 '주님, 우리가 언제, 주님께서 주리신 것을 보고 잡수실 것을 드리고, 목마르신 것을 보고 마실 것을 드리고, 나그네 되신 것을 보고 영접하고, 헐벗으신 것을 보고 입을 것을 드리고, 언제 병드시거나 감옥에 갇히신 것을 보고 찾아갔습니까?' 하고 말할 것이다. (마 25:37-39)

예수님이 최후 심판의 날에 하나님께 복을 받고 하나님 나라를 상속받을 자들로 구별된 의인들이 누구인지 알려 주셨습니다. 예수님은 그들이 예수님에게 행한 일을 하나하나 언급하시며 축복하셨습니다. 그들은 지극히 보잘것없는 사람에게 물 한 그릇을 건네더라도 예수님께 하듯 대접한 사람들이었습니다. 무엇보다 그들은 자신들이 행한 선행을 까맣게 잊어버리고 사는 사람들이었습니다. 어려움을 겪는 이들을 환대하고 대접하는 일이 특별한 이벤트가 아니라 지극히 일상적인 일이어서 그런 일을 한 것조차 까먹고 자연스럽게 사는 사람이 의인인 것입니다. 『까먹어도 될

까요』에 나오는 '까먹마을' 다람쥐들도 자기들이 행한 선행을 잊어버리고 살았습니다. 그들은 줄무늬 다람쥐의 고맙다는 인사에 고개를 갸우뚱하며, "우리가 제일 잘 까먹는 게 뭔 줄 아나? 누구를 도와준 거다. 도토리 묻은 곳보다 더 잘 까먹는다"라고 했습니다. 반면에 심판의 날에 진노의 벌을 받는 악인들은 까먹고 살아야 할 일을 하나도 까먹지 않고 꼼꼼히 챙겨 먹는 사람들입니다. 날마다 물구나무를 서서 백 번씩 '쥐람다'라고 부르는 기이한 행동을 하면서라도 자기 것을 까먹지 않으려고 눈에 불을 켜고 사는 사람들이 악인입니다. 이처럼 부자연스럽게 사는 이가 악인입니다.

잘 까먹으시는 하나님

그러나 나는 네 죄를 용서하는 하나님이다. 내가 너를 용서한 것은 너 때문이 아니다. 나의 거룩한 이름을 속되게 하지 않으려고 그렇게 한 것일 뿐이다. 내가 더 이상 너의 죄를 기억하지 않겠다. (사 43:25)

내가 그들의 허물을 용서하고, 그들의 죄를 다시는 기억하지 않겠다. 나 주의 말이다. (렘 31:34b)

우리 하나님도 잘 까먹으시는 분입니다. 자기 백성의 죄를 용서하시고 더는 기억하지 않겠다고 말씀하십니다. 그래서 우리가 이토록 팍팍한 세상 한가운데서도 고운 숨을 내쉬며 살아갈 수 있습니다. 사실 하나님의 잊으심은 건망증이 아니라, 우리에게 자비를 베푸셔서 우리의 모든 죄를 발로 밟아 바다 밑 깊은 곳으로 던지신(미 7:19) 의지적 사랑의 행동입니다. 시편 23편에서 시인 다윗이 노래한 것처럼, 이 사랑의 추격이 평생 우리를 뒤따르고 있어서 오늘도 고마운 하루를 보내고 있는 것입니다. 그런데 우리는 기어코 까먹지 않으려고 끝까지 이를 악무는 경우가 허다합니다. 다른 것은 잘 까먹으면서 우리에게 잘못한 이를 까먹지 못해서 신앙인으로서 부자연스럽고 매사에 힘이 들어갑니다. 하나님의 선하심과 인자하심이 나를 추격하는 것과는 정반대로, 용서하지 못하는 마음과 분노의 시선으로 끝까지 다른 사람의 뒤를 추격하느라 고된 나날을 보내고 있습니다. '잊다'라는 동사는 먼저 내 죄를 잊어버리시고 새롭게 봐주시는 하나님의 동사를 따를 때 자연스러운 일상이 될 것입니다.

> **내가 젊은 시절에 지은 죄와 반역을 기억하지 마시고,**
> **주님의 자비로우심과 선하심으로 나를 기억하여 주십시오.** (시 25:7)

하나님께 내 잘못을 잊어달라고 기도하는 손은 한편으로 내게 잘못한 이의 손을 잡아 주는 손입니다. 요셉은 아들의 이름을 '므낫세'라고 지었습니다(창 41:51). 이는 '잊어버리다'라는 뜻으로, 지금까지의 모든 고난과 고향 집에서 형들이 행한 모든 일을 잊어버리고 싶은 마음이 담겼습니다. 하지만 요셉은 그 엄혹한 세월을 한순간도 잊을 수 없었을 것입니다. 그럼에도 요셉은 하나님의 마음을 깨달으면서 형들이 자기에게 행한 잘못을 잊고, 눈물로 형들을 껴안으며 분노의 서사를 끊어 냈습니다. 혹시라도 옛날의 허물을 기억하고 앙갚음할 수 있는 모든 여지까지도 없애 버렸습니다. 어떠한 처지에 있든지 주님의 선하심과 인자하심이 평생 동안 자신을 뒤따른다는 기억의 서사를 새롭게 써 내려가는 신앙인의 삶입니다.

잊지 않다, 그 사랑을

어머니가 어찌 제 젖먹이를 잊겠으며, 제 태에서 낳은 아들을 어찌 긍휼히 여기지 않겠느냐! 비록 어머니가 자식을 잊는다 하여도, 나는 절대로 너를 잊지 않겠다. (사 49:15)

내 죄와 허물을 잊어버리겠다고 하신 주님이 나는 절대로 잊지 않겠다고 약속하십니다. 혹시 내 부모가 나를 잊어버릴지라도 하나님은 나를 잊지 않으십니다. 부모를 떠나 할머니 손에서 자라던 청소년 시절, 이 구절을 외우면서 하나님께 연결된 이 결속력에 단단한 힘과 위로를 받았습니다. 더불어 한순간도 나를 잊지 않으시는 분을 향한 나의 기억도 날마다 총명으로 새로워지길 열망했습니다. 성경은 하나님이 자기 백성의 불의를 불쌍히 여기시며 그들의 죄를 다시는 기억하지 않겠다고 약속하시는 사랑을 이야기합니다. 그 사랑을 향한 자연스러운 반응은 우리의 죄를 잊어버리시는 하나님을 잊어버리지 않는 것입니다. '잊다'라는 동사와 더불어 자연스럽게 잊고 살아야 할 것들에 연연하지 않았으면 좋겠습니다. 더불어 '잊지 않다'라는 동사를 힘닿는 만큼 오롯이 건사해 가며 사랑해야 할 일들에 마음이 매였으면 하는 바람입니다.

물들다

너새니얼 호손(Nathaniel Hawthorne)이 쓴 『큰 바위 얼굴』이라는 소설이 있습니다. 사람의 형상과 비슷한 큰 바위들이 있는 산을 보며, 어니스트(Ernest)는 어린 시절부터 언젠가 마을에 큰 바위 얼굴을 닮은 위대한 인물이 나타나기를 기다리며 살았습니다. 위대한 사업가, 장군, 정치인, 시인이 나오지만 모두 큰 바위 얼굴에는 미치지 못했습니다. 그런데 평범한 농부로 또 설교자로 살아가던 어니스트의 얼굴에서 사람들은 자신들이 오랫동안 기다렸던 큰 바위 얼굴을 발견했습니다. 매일 바라보는 것에 자연스럽게 물들면서 바라보던 대상이 자기 안에서 체현된 것입니다.

'물들다'라는 움직씨는 어떤 대상을 오래 바라봄으로써 그 대상에 젖어 들거나, 바라보는 대상이 내게로 와서 스며드는 것입니다. 사전적인 의미로는 "(1) 빛깔이 스미거나 옮아서 묻다, (2) 어떤 환경이나 사상 따위를 닮아 가다"의 쓰임새가 있습니다.

조용히, 환히

폴란드 출신 유대인 작가인 유리 슐레비츠가 쓰고 그린 『새벽』이라는 아름다운 그림책이 있습니다. 이슬에 젖은 눈으로 보는 듯한 호수의 풍경이 '조용하다'(quiet)라는 낱말과 함께 시작되는 이 책은, 그림만으로 어떤 고요함에 물들게 해주는 것 같습니다. 호숫가 나무 아래 웅크린 채 자고 있는 할아버지와 손자, 곤한 잠에 들어선 이 둘을 방해하지 않으려는 듯, 큰 산도 호수도 움직이지 않는 조용한 장면이 인상적입니다. 느릿하고 나른하게 물안개가 피어오르고, 깊은 밤 검푸른 빛깔에 물들었던 세계가 조금씩 밝아지면서 초록으로 물드는 시간이 되었습니다. 할아버지는 가만히 손자를 깨워 모닥불을 피우고 아침 식사를 준비했습니다. 아직 해는 떠오르지 않았지만 새벽 미명만으로 호수는 물 긷는 소년을 비추고, 소년은 호수 위에 비친 자신의 모습을 오래도록 천천히 바라보고 있습니다. 모닥불을 피우는 할아버지는 조그만 불빛으로도 몸 전체가 환히 빛나고 있습니다.

아침 식사를 마친 두 사람은 조각배를 물속에 밀어 넣고 호수 한가운데로 나아갑니다. 삐걱대는 노를 저으며 물결을 헤치고 나아가는 조각배 안에서 소년은, 이 여정이 어디를 향하고 있는지 언제 어떻게 끝날지 알 수 없지만, 아침 해에 물든 할아버지의 환한 얼굴을 보며 평화롭습니다. 한순간 산과 호수가 초록이 되었다가, 눈부신 아침 해와 함께 붉게 물들었습니다. 긴 시간 어두운 밤에 젖어 있었지만 찬란한 아침빛에 젖어드는 순간을 맞이한 것입니다. 유대인 가정에서 태어나 어린 시절부터 피난길에 올라 유럽을 떠돌아다니며 성장한 작가의 이야기라는 생각이 들었습니다. 책 앞에 쓰인 "부모님께 바칩니다"라는 헌사를 보면, 전쟁과 피난의 고난 속에서도 작가에게 새벽의 무궁한 빛을 선물해 준 부모의 얼굴을 담아내지 않았나 싶습니다. 검푸른 밤 빛깔에 소년의 삶이 움츠러들 수밖에 없었지만, 할아버지의 고요하면서도 환한 눈빛이 자연스럽게 소년의 가슴을 환히 키워 주었을 것입니다. 밤이 오면 밤 풍경 속에서, 새벽이 오면 새벽 풍경 속에서, 소년은 그 모든 풍경 속에 물들어 있는 할아버지의 고요한 풍경을 기억하며 매일 조금씩 자랐을 것입니다.

시내산에서 사십 일 동안 아무것도 먹지 않고 여호와 앞에 머물면서 대화를 나누던 모세의 얼굴이 하나님의 얼굴빛에 물들어 빛나는 장면이 있습니다(출 34:29). 밤낮으로 하나님의 말씀을 들으면서 그 빛에 완전히 물들어 광채가 나는 모세의 얼굴을 보고 사람들은 경외심에 몸을 떨었습니다. 모세의 얼굴에서 하나님의 영광스러운 얼굴을 보았기 때문입니다. 우리의 얼굴에서도 우리가 누구를 오랫동안 바라보고 또 닮고 싶어 하는지 자신도 모르게 드러나고 있을 것입니다. 하나님의 얼굴빛에 물들었기에 어떤 어둠 속에서도 담대하게 얼굴을 들고 활보할 수 있을 것입니다. 다윗은 그 얼굴빛의 은총이 우리가 살아갈 힘이라고 했고(시 89:15), 모세는 그 얼굴빛이 가장 큰 선물임을 알았기에 후손들을 위해 기도할 때 오직 하나님의 얼굴빛에 물들어 살기를 소원했습니다.

> **여호와는 그의 얼굴을 네게 비추사 은혜 베푸시기를 원하며**
> **여호와는 그 얼굴을 네게로 향하여 드사 평강 주시기를 원하노라.**
> (민 6:25-26, 개역개정)

『만남이라는 모험』에서 샤를 페팽(Charles Pépin)은 '만남'을 의미하는 프랑스어 명사 '라 랑콩트르'(la rencontre)가 '앙콩트르'(encontre)라는 단어에서 파생한 것으로, 본래 '길에서 누군가와 부딪히는 일'이라는 의미가 있다고 했습니다. 즉, '만남'은 두 사람이 부딪히면서 서로에게 어떤 충격을 주고 동요를 일으키는 것입니다. 무미건조한 얼굴이 하나님의 얼굴빛과 부딪히면서 서로 낯빛을 교환하고 곧이어 그 빛에 물든 얼굴로 살아가게 될 것입니다. 요한복음 2장의 가나 혼인 잔치에서 예수님이 물을 포도주로 만든 기적에 관해 시인 조지 바이런(George Byron)이 썼다고 알려진 문장—물이 주인을 만나니 얼굴이 붉어졌다(The water met its Master and blushed)—도 같은 맥락에서 생각해 보게 됩니다. 물이 창조주를 만나는 순간, 심한 동요를 일으키고 얼굴이 붉어지면서 이전과는 완전히 다른 모습이 되었습니다. 우리가 주님을 만나는 경험 또한 나의 세계관이 주님의 세계관과 충돌하면서 새로운 삶의 궤적으로 이동하게 된 사건입니다. 이제 더는 이전의 '나'인 채로 있지 않고, '주'의 생각이 물든 '새로운 나'로 살아갈 수밖에 없습니다. 그러므로 '물들다'라는 움직씨는 우리를 이대로 가만히 두지 않습니다. 포도주에 닿는 순간 포도주로 번지고, 포도주의 어떠함을 여기저기 묻힌 채 살아갈 것입니다.

'물들다'라는 노동

'물들다'라는 동사와 비슷한 '염색하다', '적시다'라는 뜻을 지닌 한자 '染'(염)은 염색하는 과정을 담아 만든 글자라고 합니다. 染에 쓰인 木(나무 목)은 염료를 채취하던 나무나 풀을 의미하고, 水(물 수)는 염색 후 물에 헹구는 것을 뜻하고, 九(아홉 구)는 그 과정을 아홉 번 거듭해야 한다는 것을 뜻합니다. 또한 九는 사람의 팔뚝을 나타낸 문자로, 염색하는 일에 필요한 노동력을 표현하고 있습니다. 그러므로 무엇에 물들거나 물들이는 과정이 어느 것 하나 쉽지 않은 노동임을 알 수 있습니다. 보통은 우리가 무엇에 물들 때 그 과정이 시나브로 이뤄지는 것으로 생각할 수 있지만, 사실은 그렇게 물들기까지 매우 오랫동안 물들고 싶은 존재와 같이 머물며 그에 젖어 있어야 가능한 일입니다. 한 번의 마주침으로 이뤄지는 일이 아니라 계속된 접촉과 충돌 속에서 새로운 존재로 빚어지는 일입니다. 특히 그리스도인이 된 사건은 속사람인 나는 그대로 둔 채 겉모습만 종교적으로 색칠하는 것과는 완전히 다른 이야기입니다. 예수님은 겉으로만 아름답게 보이기 위해 색칠한 자들을 향해 외식하는 자들이며 회칠한 무덤과 같다고 꾸짖었습니다(마 23:27). 예수님을 만난 사람은 그 속사람까지 예수님의 성품에 물들어 있어서 그 얼굴에 복음의 빛이 나타나게 되어 있습니다.

김훈의 소설 『칼의 노래』에 이순신 장군이 대장장이에게 선물받은 칼에 검명을 새기는 과정이 나오는데, 물들고 물들이는 일의 고된 노동에 대해 말하고 있습니다.

> 한 번 휘둘러 쓸어 버리니, 피가 강산을 물들이도다.
> 라고 나는 쓰기로 했다. 김수철이 종이를 펼쳤다. 나는 붓을 들어서 썼다.
> 일휘소탕 혈염산하(一揮掃蕩 血染山河)
>
> '강산을 물들이도다'에서 나는 색칠할 도(塗)를 버리고 물들일 염(染)자를 골랐다. 김수철이 한동안 글자를 들여다보더니 입을 열었다.
>
> - 물들일 염자가 깊사옵니다.
> - 그러하냐? 염은 공(工)이다. 옷감에 물을 들이듯이, 바다의 색을 바꾸는 것이다.
> - 바다는 너무 넓습니다.
> - 적 또한 헤아릴 수 없이 많다.
>
> 그때, 나는 진실로 이 남쪽 바다를 적의 피로 염(染)하고 싶었다.

'강산을 물들이도다'에서 색칠할 도(塗)를 버리고 물들일 염(染)을 고르면서 그 한 글자에 담아낸 이순신 장군의 깊은 언어를 곱씹게 되는 장면입니다. 특히 "염은 공(工)이다"라는 말에서 '물들다'라는 동사엔 오랜 노동으로 손 굽은 장인의 공이 들어 있음을 깨닫게 됩니다. 이순신 장군은 이 '물들다'의 공력을 알기에 검명을 다 새긴 후엔 "다 지워 버리고 물들일 염자 한 글자뿐이었더라도 좋았을 뻔했다"라고 했습니다.

하루해가 지는 아름다운 노을을 보며 우리는 그 풍경에 그대로 물들어 인생의 마지막 계절도 그렇게 주변을 곱게 물들이며 지기를 소원합니다. 그렇다면 '물들다'에 물들고 물들이는 지난한 과정이 거듭되어 있음을 되짚어 보면서 하루에 아홉 번씩 착함에 물들기를 작정하며 익힌 일에 더욱 공을 들여야겠습니다.

늙다

물먹는 소 목덜미에

할머니 손이 얹혀졌다.

이 하루도

함께 지났다고,

서로 발잔등이 부었다고,

서로 적막하다고,

시인들의 시인으로 불리는 김종삼 시인의 시집 『북치는 소년』에 나오는 「묵화」(墨畵)의 전문입니다. 하루 일을 마치고 종일 수고한 소의 목덜미와 그 위에 놓인 할머니의 손, 나란히 부어 있는 발잔등은 적막함 속에서도 그 자체로 서로에게 진한 위로가 되는 장면입니다. 긴 세월 할머니와 함께 쟁기를 끌며 같이 늙은 소의 묵묵함과 할머니의 고마움이 아름다운 유대감으로 빚어지고 있습니다. 짧고 간결한 시에 "함께, 서로, 서로"의 어찌씨(부사)가 반복되면서 소와 할머니가 같이 늙어 가는 시간을 서로 지지해 주고 있는 듯합니다. 한때는 혈기 방장한 시절이 있어 거침없이 활동하며 많은 수확물에 들뜨기도 했겠지만, 지금은 하루하루 고만고만하게 살아가고 있음에 고마워하고 있습니다.

늙어 가고 있다는 여행

사람이나 동물이나 식물이나, 모든 생명은 늙음의 시절을 맞이합니다. 흥미로운 점은 '늙다'는 동사(움직씨)인 반면, '젊다'는 형용사(꾸밈씨)라는 사실입니다. 둘 다 비슷한 품사일 것 같은데 사전적 의미로 '젊다'는 어떤 사물의 성질이나 상태를 나타내는 말이고, '늙다'는 사물의 동작이나 작용을 의미하는 말로 쓰이고 있습니다. '젊다'는 혈기 왕성한 어느 한순간의 상태를 보여 주고, '늙다'는 하루하루 계속 나이를 먹어 가는 진행의 뜻을 담고 있어서인 것 같습니다. 로르 아들레르(Laure Adler)가 『노년 끌어안기』에서 "노년은 부동성이 아니라 항구적인 움직임이고, 우리가 닻줄을 풀고 떠나는, 위험하지만 즐거운 여행"이라고 한 것처럼, '늙다'라는 말은 매일 늙어 가는 진행형 동사입니다.

… 모든 육체는 풀이요,

그의 모든 아름다움은 들의 꽃과 같을 뿐이다.

주님께서 그 위에 입김을 부시면,

풀은 마르고 꽃이 시든다.

그렇다. 이 백성은 풀에 지나지 않는다. (사 40:6-7)

예언자 이사야는 모든 육체가 풀과 꽃의 아름다움을 누리고 있지만 그 풀과 꽃의 영광이 곧 마르고 시든다고 했습니다. 그런데 풀이 마르고 꽃이 시드는 일에 하나님이 '후~' 하고 입김을 부신다는 표현이 인상적입니다. 겨우내 얼어붙은 땅이나 메마른 광야에 주님이 생명의 기운을 불어넣어 주셔서 새싹이 돋고 꽃이 피고 열매 맺는 장면은 상상하기 쉽지만, 메말라 시들어 없어지는 일에 주님이 기운을 불어넣어 주신다는 말씀은 낯설고 어색합니다. 하지만 주님의 보살핌 속에 한철 피었다 지는 들의 풀과 꽃처럼, 우리 또한 주님의 숨결을 따라 태어나기도 하고 돌아다니기도 하고 늙어 가기도 하는 존재입니다. 그러므로 '늙다'라는 동사는 하나님의 기운이 우리에게서 떠나 버리는 것이 아닙니다. 여전히 하나님의 기운을 받아 늙어 가고 있는 것입니다. 그러니 하나님이 생명의 기운을 불어넣어 주셔서 매일 나이를 거꾸로 먹기를 구하기보다, 하나님이 불어 주시는 기운과 함께 내게 허락하신 날수를 헤아릴 술 아는 모세의 기도를 배우고 싶습니다.

우리에게 우리의 날을 세는 법을 가르쳐 주셔서

지혜의 마음을 얻게 해주십시오. (시 90:12)

친한 뜰에서

『할머니의 뜰에서』(조던 스콧, 시드니 스미스)라는 그림책이 있습니다. 글쓴이가 폴란드에서 캐나다로 이민 와서 고속도로 옆 오두막에 살았던 할머니를 추억하며 쓴 책입니다. 이 책의 화자인 아이는 아침마다 아빠가 할머니의 오두막에 데려다주면 할머니와 하루를 보냈습니다. 영어에 서툰 할머니는 손짓과 몸짓, 웃음으로 아이와 이야기를 나눴고, 무엇보다 맛있는 음식을 함께 먹으며 마음을 나눴습니다. 할머니의 손은 무엇이든 가능하게 했고, 할머니의 작은 집은 신기한 보물로 가득한 신비로운 성 같았습니다. 할머니는 매일 아침 수영장만한 그릇에 오트밀과 야채를 담아 아이에게 주고 아이를 학교에 데려다주었습니다. 학교 가는 길에 비가 오면 할머니는 유리병 속에 지렁이를 주워 담느라 천천히 걸었습니다. 학교가 끝나면 할머니는 아이를 기다렸다가 함께 텃밭에 가서 유리병에 담아온 지렁이들을 토마토 앞에, 오이 앞에, 사과나무 앞에 내려놓고 흙으로 덮어 주었습니다. 할머니가 너무 늙어서 오두막을 떠나 아이의 집에서 같이 살게 되기 전까지 할머니와 아이는 계속 그 일을 했습니다.

처음엔 할머니의 행동이 이상하고 신기해서 왜 그러는지 묻기도 했지만 할머니는 말없이 비에 젖은 손가락으로 아이의 손바닥에 있는 손금을 만졌습니다. 비록 말은 잘 통하지 않았지만, 지렁이처럼 생긴 손금을 만지는 할머니의 손가락 언어는 생명을 돌보는 몸의 언어가 되었을 것입니다. 그렇게 할머니의 뜰은 손이 통하고 몸이 통하고 마음이 통하는 소중한 소통의 공간이었습니다.

할머니의 뜰은 말 그대로 '친정'과 같은 존재였습니다. 『모든 단어에는 이야기가 있다』에서 저자 이진민은 '친정'(親庭)을 한자 그대로 풀이하면 '친한 뜰'이라고 하면서, 우리는 모두 뜰에서 컸고 뜰에서 힘을 얻는 존재들이라고 했습니다. 저도 어렸을 때 할머니와 함께 앉아서 딸기가 무르지 않도록 손톱으로 눌러 딸기 꼭지를 따던 일, 복숭아를 돌려서 따던 일, 덜 익은 채 떨어진 과일로 청을 만들고 너무 많이 익어서 떨어진 과일로는 잼을 만들던 일, 사람들을 불러서 같이 밥을 먹던 일이 제 손과 몸에 고스란히 새겨져 있습니다. 할머니의 말은 잘 기억나지 않지만, 웃을 때마다 입꼬리와 눈꼬리가 달라붙던 얼굴, 부엌에서 솔방울 위에 조기를 굽고, 노란 계란찜을 만들어 주시던 모습, 앞서거니 뒤서거니 하며 같이 걸어 다니던 친한 뜰은 오랜 세월이 지나도 즐겁게 되살아납니다.

우리 모두에겐 도움이

『할머니의 뜰에서』의 할머니는 이제 너무 늙어서 오두막을 떠나 아이의 옆방에 누워 있게 되었습니다. 할머니가 아이에게 했던 것처럼 아이는 아침마다 할머니의 밥을 갖다 드리고, 할머니가 힘이 없어 음식을 떨어뜨리면 아이는 할머니가 했던 것처럼 음식을 주워서 입으로 불었다가 드렸습니다. 얼마 전까지만 해도 할머니는 아이의 입에 들어가는 음식을 춤추며 요리할 수 있었고, 아이와 함께 텃밭을 누비며 온갖 채소를 가꾸고 거둬들일 힘이 있었지만, 지금은 제 힘으로 아무것도 할 수 없을 만큼 쇠잔해졌습니다. 하나에서 열까지 다른 사람의 도움을 받아야만 하루를 살 수 있습니다. 그저 침대에 누워 아이가 가져다주는 음식을 먹으며 아이와 눈을 마주치며 웃는 일 외에는 스스로 할 수 있는 일이 거의 없습니다. 아이는 이만큼 쑥쑥 컸는데 할머니는 그만큼 쪼그라들었습니다. 사랑하는 아이에게 아무 것도 해 줄 수 없는 늙고 병든 모습이 속상하고 고통스러울 수 있습니다. 『모리와 함께한 화요일』에서도 침대에 누워 스스로 아무것도 할 수 없게 된 스승 모리는 무척 속상하고 부끄러웠습니다. 하지만 모리는 아기였을 때 도움을 받은 것처럼 늙었을 때에도 도움을 받는 것이 자연스럽다는 사실을 깨달으며 제자 미치에게 이렇게 말했습니다.

> 우리가 아기로 삶을 시작할 때는 누군가 우릴 돌봐 줘야 생명을 유지할 수 있어. 그리고 나처럼 아파서 삶이 끝나 가는 무렵에도 누군가 돌봐 줘야 생명을 유지할 수 있어. 그렇지 않은가?
> 그의 목소리가 작게 사그라졌다.
> 여기에 비밀이 있네. 아이 때와 죽어 갈 때 이외에도, 즉 살아가는 시간 내내 사실 우린 누군가가 필요하네.

살아가는 내내 우리 모두에겐 도움이 필요합니다. 하루가 다르게 변하는 신기술의 출현 속에서 노인들은, 길에서 택시를 잡는 일부터 식당에서 음식을 주문하는 일, 공공기관의 편의시설을 이용하는 일, 은행 관련 업무를 보는 일, 집에서 고장 난 물건을 고치는 일 등 모두 누군가의 도움을 받아야 합니다. 저도 또래 친구들에게 얼리어답터(early adopter) 소리를 듣는 편이지만 모든 것이 자동화된 시스템 속에서 자주 길을 잃고 멍해집니다. 켄 로치 감독의 의미 있는 작품 <나, 다니엘 블레이크>에서, 주인공 다니엘 블레이크가 실업급여를 받는 심사 중에 컴퓨터를 다루지 못하고, 복잡한 관료 시스템에 적응하지 못해 아무것도 보장받지 못하는 이야기는 지금 우리 주변에서도 빈번히 일어나고 있습니다. 저도 퇴직 후 퇴직금을 직장에서 받지 않고 은행에서 처리하는 시스템에 어려움을 겪으면서 다른 사람의 도움을 받아야만 했습니다. 정작 법과 제도가 도움이 필요한 사람을 향해 있지 않는 점을 보면서 곳곳에서 더 많은 도움의 손길과 다양한 연대가 필요하다는 사실을 알게 되었습니다.

돌봄에서 돌봄으로

'늙다'라는 동사에는 언제나 '도움을 받다'와 함께 '돕다, 도와주다'라는 동사가 따라다녀야 합니다. 누구나 늙고 연약한 길에 들어서면 이런저런 일에서 아이 때처럼 다른 사람의 도움을 받는 일이 자연스럽게 일어납니다. 아프고 약한 편에서는 도움을 주기보다 받는 일이 많을 수 있지만, 적어도 늙고 아파서 계속 미안해하지는 않았으면 좋겠습니다. 때로는 미안함이 거시, 때로는 내 자존심이 상처를 받아서, 도움을 받지 않겠다고 고집을 피우다가 사랑하는 이들에게 더 큰 아픔과 어려움을 끼칠 수도 있기 때문입니다. 잘 의존하는 법, 돌봄을 잘 '받는' 것도 잘 늙어 가는 실력일 수 있습니다. 『할머니의 뜰에서』에서 한때 할머니의 돌봄을 받던 아이로부터 이젠 아이의 돌봄을 받는 할머니로 전환되는 이야기를 만났습니다. 『모리와 함께한 화요일』에서는 스승의 도움을 받으며 성장한 제자에게 다시 도움을 받는 한 스승의 이야기를 읽었습니다. 한 인생이 늙고 아픈 데까지 오면서 키우고 보살핀 인생들이 이제는 그분들을 향한 보살핌의 손을 자연스럽게 내밀면 좋겠습니다. 초고령 사회의 난감한 사태를 묘사한 『당신의 노후』라는 소설에, 오래된 도자기를 사랑하는 도자기 강사에게 한 학생이 왜 옛날 도자기들이 요새 나오는 좋은 그릇들보다 비싸냐고 따지는 장면이 나옵니다. 그때 강사의 대답은 "이 오래되고 투박한 도자기들이 요새 나오는 좋은 그릇들의 부모니까요"라는 말이었습니다. 인생에서도 마찬가지라는 생각이 들었습니다. 늙고 투박한 분들이 오늘 우리를 있게 한 부모이기에 그만큼 값진 우대와 존중을 받았으면 하는 바람입니다. 그 바람이 '늙다'라는 동사를 병든 시선으로 바라보지 않고 자연스럽게 볼 수 있는 데로 흘러갔으면 좋겠습니다.

시간으로부터 호위를 받을 수 있다
시간의 흐름만으로도 가능한 무엇이 있다는 것
참 좋구나

김소연 시인의 시 「촉진하는 밤」에 나오는 한 구절인데, 시의 전문을 읽다가 이 지점에서 저도 모르게 '참 좋구나'를 여러 번 되뇌었습니다. 한 살 더 나이를 먹으며 어제와 달리 허약해진 오늘을 맞이하지만, 그만큼 고요히 깊어지는 무엇을 발견하는 기쁨이 일어서입니다. 하루 24시간 중 유난히 오후 다섯 시를 좋아하는 저에게 시간의 흐름만으로도 가능한 무엇이 있다는 것이 참 좋습니다. 굳이 무엇을 하지 않아도 해가 지면서 주변을 감미로움으로 채우는 평화로운 이 시간이 참 좋습니다. 해 뜨는 시간부터 해지는 시간까지 우리를 호위해 주시는 분의 품 안에서 오늘도 여전히 살아가고 늙어 가고 도움을 주고 도움을 받으며 더없이 평화로울 테니 참 좋습니다.

> **늙을 때에 나를 버리지 마시며**
> **내 힘이 쇠약할 때에 나를 떠나지 마소서.** (시 71:9, 개역개정)

보다

한 알의 모래 속에서 세계를 보며
한 송이 들꽃에서 천국을 본다.
그대 손바닥 안에 무한을 쥐고
순간 속에 영원을 보라.

윌리엄 블레이크(William Blake)가 쓴 「순수의 전조」라는 시의 앞부분입니다. 작고 사라지는 것들 속에서 무한과 영원을 볼 수 있는 시인의 눈이 우리에게 '보다'라는 움직씨가 어디까지 활동할 수 있는지 보여 줍니다. 단지 육체의 눈에 보이는 지점에 머물지 않고, 그 너머 보이지 않는 것들의 세계를 깊이 바라보게 합니다. 보이지 않는 것들을 보았기에 바싹 마른 씨앗 한 알을 땅속에 심을 수 있고, 동틀 기미가 보이지 않는 깊은 어둠 속에서도 편히 누워 잠을 청하며 아침을 기다릴 수 있습니다. '보다'라는 움직씨는 믿음의 눈과 같이 다니기 참 좋은 친구입니다. 가만히 앉아 책을 보고, 창밖의 계절 지나감을 보고, 산책길에서 만난 아이를 보면서 지나간 시간을 돌아보고 다가올 시간을 내다보면서 지금 이 순간을 살펴보는 즐거움이 새롭습니다. 보면 볼수록 보이는 것이 많고, 보여 주고 싶은 것이 많아서 같이 보고 싶은 마음이 더해지는 날들입니다.

보다, 네게 있는 것을

'보다'라는 움직씨에는 먼 데 있는 것을 가까이 당겨 주고 보이지 않는 것까지 말함으로써 '있기'를 가능하게 하는 힘이 있습니다. 열두 살 때 작은 시골교회 여름성경학교 백일장에서, 서울에서 오신 선생님이 "너, 글을 참 잘 쓰는구나, 커서 글 쓰는 사람이 되면 좋겠다" 하신 말씀에 저는 '글 쓰는 사람'이 되고 싶었습니다. 지금도 부족한 대로 뭔가를 계속 쓰고 있는 생활은 작은 아이의 보잘것없는 글 속에서 글 쓰는 사람의 모습을 봐 준 선생님의 시선 덕분입니다.

『순간 수집가』(크빈트 부흐홀츠)라는 그림책이 있습니다. 철테 안경을 쓰고 조금 뚱뚱한 편이어서 아이들로부터 놀림을 받는 한 어린아이 안에 숨어 있는 예술성을 보고 속 깊은 응원을 보내 준 좋은 어른에 관한 이야기입니다. 이 책에 등장하는 막스 아저씨는 같은 건물에 사는 아이에게 종종 바이올린을 켜달라고 부탁했습니다. 아이가 연주를 마치고 나면 “예술가 선생님, 정말 멋진 연주였어요” 하며 진정성 있는 감사를 표했습니다. 또래 친구들이 보는 시선, 그 시선으로 자신을 보는 아이의 시선과 달리, 좋은 어른만이 지닐 수 있는 고마운 시선이 아이를 뿌듯하게 했을 것입니다.

보여 주다, 보는 눈을

『순간 수집가』에서 막스 아저씨는 그림을 그리는 사람인데, 아이에게 거의 매일 화실에 놀러 와서 머물다 가게 했습니다. 아저씨는 아이에게 자기가 그리는 그림은 보여 주지 않고, 그림 그리는 동안 아저씨 곁에서 마음껏 놀 수 있게 해 주었습니다. 아이는 아저씨의 스케치북에 온갖 그림을 그리거나, 책장에서 이런저런 책을 꺼내 읽으며 아저씨의 사물들을 자유롭게 보고 즐겼습니다. 무엇보다 몇 시간 동안 꼼짝도 하지 않고 그림을 그리는 아저씨의 모습, 종이 위에서 가만가만 움직이는 아저씨의 손, 책상 위 도화지, 연필, 가끔 색색의 물감으로 얼룩진 헝겊에 펜을 닦는 모습, 그림을 바라보며 머리카락을 쓸어 올리는 아저씨의 모습을 아이는 오랫동안 바라보았습니다. 아저씨가 그린 그림은 볼 수 없었지만, 그 그림을 그리는 아저씨 모습을 지켜보며 아이는 충분히 행복했습니다.

이 책을 보며 아이들에게 어른들의 작업실을 보여 주는 일, 어떤 결과물보다는 그 과정으로 초대하는 일이 좋게 느껴졌습니다. 저는 어린 시절에 산속 외딴집에 살았는데, 집 가까이에 있는 교회 목사님의 서재에서 자주 놀았던 기억이 있습니다. 사방으로 빽빽이 책으로 둘러싸인 방에서 놀다 보니 저절로 책이 읽어지고 외따로이 떨어진 곳에서도 세상 사람들을 많이 만날 수 있었습니다. 지금 제 방의 분위기가 그때 놀았던 목사님의 서재를 그대로 옮겨놓았다는 생각이 들 만큼, 무의식 속에 목사님의 삶을 닮아가고 있는 것 같습니다. 젊은 세대나 어린 세대를 향해 무엇을 어떻게 하라고 말하기보다 그냥 우리가 지금 하고 있는 일들에 그들을 초대하는 어른이었으면 하는 바람입니다. 『순간 수집가』의 막스 아저씨는 아이에게 완성된 그림을 보여 주기보다 그림을 그려 가는 길고 긴 과정을 보게 함으로써 그 그림에 다가갈 수 있는 길을 열어 주었습니다. 내가 기어코 보게 된 이것을 언젠가 그도 볼 수 있도록, 지금은 보는 힘을 길러 주는 일이 나이 먹은 우리가 할 수 있는 일이 아닐까 생각해 봅니다.

보다, 보이지 않는 것을

한 해 두 해 나이를 먹어 간다는 것은 그만큼 젊은 세대에 비해 많은 것을 보고 살았다는 의미이기도 합니다. 나이를 먹은 만큼 마음먹은 일도 많고 해 먹은 일들도 많아서, 보여 주고 들려주고 싶은 이야기가 많습니다. 때로는 얼토당토않은 말 같고, 허무맹랑한 말 같지만, 나이 먹은 사람만이 해 줄 수 있는 이야기가 있습니다. 이를테면 눈이 펑펑 올 때면 숲 밖으로 나오는 눈 코끼리 이야기입니다. 하얀 북극곰을 닮은 코끼리가 사뿐사뿐 걷다가 재빠르게 움직이고 눈보라가 치면 휙 사라져 버리는 그런 이야기 말입니다. 믿어지지 않고 믿을 수 없는 이야기지만, 언제나 직접 본 것처럼 말하는 막스 아저씨의 이야기는 아이의 상상력을 크고 새롭게 만들었습니다.

지금 우리 시대 어른들이 들려주는 이야기가 얼마나 어린 세대의 마음을 움직일 만한 신나는 이야기인지 돌아보게 됩니다. 우리의 이야기들이 우리 아이들에게 보이지 않는 세계를 마음껏 상상해 볼 수 있는 바탕이 되고 있는지 궁금합니다. 어두운 밤에 하나님이 아브라함을 이끌고 밖으로 나가 하늘의 뭇별을 보게 하시면서, 그 셀 수 없이 많은 별 속에서 앞으로 나타날 그의 후손들을 그려 볼 수 있게 하신 이야기처럼(창 15:5), 우리가 보여 주는 그림에도 이런 설렘이 가득하면 좋겠습니다. 이승우 작가는 『고요한 읽기』에서 불확실한 세계, 어디에 있다고 할 수 없는 '보여 줄 땅'으로 가기 위해서는 '땅'이 아니라 '보여 줄'에 집중해야 한다고 했습니다. 막스 아저씨는 아이에게 지금 당장 눈앞에 보이는 땅이 아닌 앞으로 보게 될 미래를 보여 줄 좋은 어른이었습니다.

어느 날 아침, 막스 아저씨는 여행을 떠나면서 아이에게 열쇠꾸러미를 주고 언제든 집에 와서 놀라고 했습니다. 신이 난 아이가 아저씨의 빈 집에 들어갔을 때, 놀랍게도 그동안 볼 수 없었던 아저씨의 그림들이 모두 아이를 향해 놓여 있었습니다. 아저씨는 이 아이만을 위한 전시장을 만들어 놓고 유일한 손님으로 초청한 셈입니다. 그림들 앞에는 연필로 메모한 쪽지가 놓여 있었는데, 그동안 아저씨가 이야기해 준 얼토당토않은 모든 이야기가 그림 속에 세밀하게 표현되어 있었습니다. 이를테면 “저 앞쪽 밤나무 그늘에 한 할머니가 앉아 관람객들에게 길을 가르쳐 주고 있었단다”, “캐나다에서 본 눈 코끼리들. 정말 눈 깜짝할 동안만 보였지”와 같은 짧은 메모였습니다. 아이는 메모와 함께 놓인 그림들에 완전히 빠져들면서 언젠가 아저씨가 해 준 말을 기억했습니다. “나는 수집가일 뿐이야. 난 순간을 수집한단다.” 그때는 이해하지 못한 말이지만, 직접 그림을 보면서 아이는 아저씨의 말이 다 이해가 되었습니다. 그림 속에 펼쳐지는 모든 순간이 아이를 휘어잡았기 때문입니다. 아이는 아저씨의 그림에서 눈 덮인 풍경 속을 걷기도 하고, 펭귄들과 함께 도시 한가운데를 내달리기도 하면서 신나는 여행을 즐겼습니다. 그리고 현실로 돌아와서 아저씨가 자신이 없는 동안 왜 이 그림들을 보게 했는지 깨달았습니다. 아이 스스로 하나둘 답을 찾아 가길 바라는 아저씨의 커다란 마음이 거기 있었던 것입니다.

‘순간 수집가’, 여기까지 오는 동안 제 삶에도 분명 신비하고 아름다운 순간들이 수없이 많이 있었습니다. 저는 글을 쓰는 방식으로 나름 그 순간들을 수집해 오고 있지만, 많은 부분 제 게으름과 무심함 속에 어디론가 사라져 버렸다고 생각하니 아쉬움이 크게 남습니다.

한 계절이 지나가고 여행을 떠난 아저씨가 돌아왔지만 다른 곳으로 이사를 하는 바람에 아저씨와 아이의 관계는 이어지지 않았습니다. 아이는 아저씨 방에서 경험했던 아름다운 경험도, 자기 안에 있던 예술성도 뒤로한 채, 아저씨가 살던 집에 이사 온 아이와 함께 자전거 타기, 축구, 연날리기 등으로 시간을 보냈습니다. 또 한 계절이 지나가고 어느 날, 막스 아저씨한테서 한 장의 그림이 담긴 소포가 왔습니다. 방파제 위에 빨간 소파가 그려진 그림인데, 그 소파는 그림들에 둘러싸여 있었습니다. 그 소파 위엔 파란색 점퍼를 입은 남자아이가 바이올린을 켜고 있었습니다. 바로 아저씨의 방에서 그림을 보던 아이의 모습이었습니다. 그림 뒤에는 이런 쪽지가 붙어 있었습니다. “예술가 선생님, 선생님의 바이올린 선율은 언제나 내 그림 속에 있다는 거 알고 있나요?” 막스 아저씨는 이사를 한 뒤에도 마음속에서 아이의 예술성을 바라보며 계속 격려하고 있었던 것입니다. 이런 응원을 받은 아이가 어떤 어른으로 자랐을지 짐작이 됩니다.

우리가 누군가에게서 어떤 아름다움을 봤다면, 그 빛이 사라지지 않고 온전히 드러날 때까지 계속해서 지켜보는 응원을 거두지 않았으면 합니다. 우리 안에서 착한 일을 시작하신 이가 끝까지 이루실 줄을 우리는 믿음으로 보기 때문입니다. 그런데 어떤 한 순간 누군가의 잠재성을 보고 응원의 박수를 보낼 수 있지만, 그가 그 일을 이루기까지 끈기 있게 격려하기는 쉽지 않습니다. 심지어 그가 아무것도 볼 수 없는 순간에 무엇을 볼 수 있게 해 주는 눈은 먼저 눈을 뜬 우리에게 있습니다. '보다'라는 동사와 더불어 먼저는 제 눈이 열려서 매순간 놀라움과 경외의 순간을 수집했으면 하는 바람입니다. 『놀라움과 경외의 나날들』에서 마커스 보그의 아내인 마리안 보그가 쓴 기도문이 저에게도 매일의 기도이기를 소원해 봅니다.

> 하루씩 지나가고 한 해씩 사라지건만,
> 저희는 기적들 사이를 장님처럼 걸어갑니다.
> 저희의 눈을 볼 것들로 채워 주시고,
> 저희의 마음을 알 것들로 채우소서.
> 당신의 현존이 마치 번갯불처럼
> 저희가 걸어가는 어둠을 비추는 순간들이 있게 하소서.
> 저희가 어디를 바라보든,
> 떨기에 불이 붙었지만
> 불에 타서 없어지지 않는 것(출 3:2)을 볼 수 있게 도우소서.

듣다

들어오세요, 벗어 놓으세요,

당신의 슬픔을,

여기서는 침묵하셔도 좋습니다

독일 시인 라이너 쿤체(Reiner Kunze)의 「한 잔 재스민 차에의 초대」라는 시입니다. 시를 번역한 전영애 교수는 이 시의 제목에, "강성의 프로파간다 언어가 난무하는 사회주의 국가 동독에서 이 낮은 목소리의 시는, 지식인들 사이에서 저항의 표시로 쓰였다"라고 설명글을 붙여 놓았습니다. 모두가 목소리를 높여 자신의 주장을 관철하려는 시대에 오히려 침묵으로 안식의 자리를 만들어 내는 시인의 고요함이 새로운 저항운동이 되었던 것입니다. 몸과 마음이 소란을 겪을 때마다, 쿤체의 시집을 읽으면 늘 마음이 놓이고 이 시인의 집에서는 무슨 말이든 쏟아 놓아도 괜찮을 것 같은 안온함이 느껴집니다. 문을 열고 들어서면 귀가 순한 시인이 따뜻한 미소와 함께 차 한잔을 건네며 연신 고개를 끄덕여 주는 장면이 그려지기도 합니다. 저도 귀가 순해진다는 이순(耳順)을 넘어서면서 자연스럽게 육체의 귀는 점점 들리지 않는 쪽으로 퇴화하겠지만, 마음으로는 더 잘 듣는 쪽으로 기울기를 바라면서 '듣다'라는 동사를 생각해 봅니다.

'듣다'라는 동사는 성경에 1,500회 이상 등장하며 신앙적으로 매우 중요하게 쓰이고 있습니다. '들어라, 이스라엘아', '들어야 산다', '듣는 마음을 주옵소서', '말씀하옵소서. 주의 종이 듣겠나이다', '귀 있는 자는 들어라', '듣는 귀가 복이 있다', '귀가 할례받지 못한 백성들', '듣고 행하지 않는 자', '믿음은 들음에서 나며', '읽는 자와 듣는 자와 지키는 자는 복이 있다'와 같은 말씀들이 많이 언급되면서 우리의 믿음이 '듣다'라는 동사에 깊이 연루되어 있음을 밝혀 줍니다. 그런데 이 '듣다'라는 동사는 실전연습이 따르는 일이라서, 야고보 사도는 "누구든지 듣기는 빨리 하고, 말하기는 더디 하고, 노하기도 더디 하"(약 1:19)는 훈련을 해야 한다고 했습니다. 자기가 행한 일에 복을 받는 사람은 듣기만 하고 잊어버리는 사람이 아니라 그것을 실행하는 사람이기 때문입니다.

난데없는 일을 겪는 이들 곁에서

『가만히 들어주었어』(코리 도어펠드)라는 그림책에 잘 듣는 귀를 가진 토끼가 등장합니다. 테일러라는 아이가 블록으로 놀라운 작품을 완성하고 뿌듯해하는 순간에, 난데없이 새들이 날아와 그것을 망가뜨리고 말았습니다. 좌절하고 낙담한 테일러의 상황을 알아차린 닭이 찾아와서 "꼬꼬댁 꼬꼬꼬 에구머니나!" 하고 안타까워하며 어떻게 된 건지 말해 보라고 재촉했습니다. 하지만 테일러는 아무 말도 하고 싶지 않아 웅크린 채 앉아 있었고, 닭은 이내 가 버렸습니다. 다음엔 곰이 와서 "크와아아아앙!" 하고 소리를 지르면 화가 가라앉을 거라고 충고했습니다. 하지만 테일러가 반응하지 않자 곰도 가 버렸습니다. 다음엔 코끼리가 와서 자기가 고쳐 줄 테니 무너지기 전의 상태를 잘 떠올려 보라고 했지만, 테일러의 반응이 없자 코끼리도 그만 가 버렸습니다. 다음엔 하이에나가 와서 그냥 웃어 버리라 하고, 다음엔 타조가 와서 아무 일 없던 것처럼 숨어 버리라 하고, 다음엔 캥거루가 와서 싹싹 치워 버리면 그만이라 하고, 다음엔 뱀이 와서 자기랑 같이 다른 애들 거 무너뜨리면서 기분을 풀자고 유혹했습니다. 하지만 테일러는 아무것도 하고 싶지 않았습니다. 결국 모두 가 버리고 혼자 남았습니다

우리 곁에도 난데없이 찾아온 어려움을 겪으며 낙심한 사람들이 있습니다. 갖은 애를 쓰며 수고한 일이 한순간에 와르르 무너져 내리면서 삶의 끄트머리에서 힘겨워하는 이웃이 있습니다. 아픔을 겪는 사람들을 찾아가 위로하는 일은 너무 귀하지만, '무수

일인지 말해 봐라', '크게 소리를 질러 봐라', '곰곰이 생각해 봐라', '웃어 넘겨라', '아무 일 없는 것처럼 잊고 지내라' 등의 온갖 조언과 충고들이 때로는 그들을 더 지치게 할 수 있습니다. 구약 성경 욥기에도, 고통스러운 일을 당한 욥에게 친구들이 찾아와서 위로라는 명분으로 쏟아내는 말들이 오히려 욥을 더 괴롭히는 결과가 되었습니다. 아무리 좋은 위로의 말, 합리적인 말, 타당한 말, 괜찮아 보이는 말이라 해도 상대의 마음에 가닿지 않는 허탄한 말이 될 수 있습니다. 욥은 친구들에게 "재난을 주는 위로자"라고 탄식하며, 그들로 인해 오히려 더 큰 학대와 부끄러움을 당하고 있다고 했습니다. 때로는 어쭙잖은 위로가 조롱이 될 수도 있음을 깨닫습니다.

듣는 일은 귀를 주는 일

인디언 원주민 언어를 공부한 서정록 선생은 『듣기, 잃어버린 지혜』라는 책에서, 인디언 테와어에서 눈(cheh)은 '요리하는 것', '찍는 것'이란 뜻이고 귀(tischu)는 '주는 것'이란 뜻이라고 했습니다. 이어서 '눈이 요리한다'는 말은 자기가 원하는 것만 취하는 습성이 있다는 뜻이고, '귀를 주는 것'이란 말은 무심하게 듣는 단계에서는 소리가 소음에 불과하지만 마음을 실어 듣게 되면 그 소리를 내는 존재의 마음을 읽을 수 있다는 뜻이라고 했습니다. 상대방의 마음을 읽으려면 먼저 내 마음을 열고 그 소리를 받아들여야 하므로 인디언들은 '귀'를 가리켜 마음을 열어 자신의 존재를 내주는 동적 행위로 본 것입니다.

『가만히 들어주었어』에는 실망에 빠진 누군가의 마음에 ‘귀를 내어 주고’ 가만히 그 마음의 소리를 듣는 토끼가 등장합니다. 그림책을 보면 토끼의 몸체만큼 큰 귀가 테일러를 향해 유난히 쫑긋하고 방향을 잡고 있습니다. 이래라저래라 충고를 쏟아 내던 친구들이 순식간에 사라지고 혼자 남은 테일러에게, 토끼는 조금씩 다가와서 테일러의 등 뒤에 가만히 있어 주었습니다. 잔뜩 움츠렸던 테일러가 누군가의 체온을 느낄 때까지 토끼는 아무런 말도 없이 가만히 테일러의 외로운 등에 몸을 기댔습니다. ‘듣다’라는 동사는 귀를 내어 주는 것과 함께 어쩌면 몸 전체를 내어 주는 일이기도 합니다. 사실 누군가의 말을 그 사람의 마음으로 듣는 일은 쉽지 않습니다. 오랫동안 마음을 주며 듣지 않으면 그가 하고 싶었던 본래의 말과 다르게 듣고 해석할 수 있기 때문입니다. 말은 늘 출발어와 도착어 사이의 거리로 인한 왜곡을 지니고 있으니까요. 그러니 더 잘 듣고 심지어 그가 하지 않은 말까지 듣는 일은 내 몸을 상대에게 밀착시키지 않으면 쉽지 않습니다. 그림책에 나오는 토끼는 좋은 경청자의 모습을 제대로 보여 주고 있습니다.

실망과 슬픔으로 아무 말도 아무 반응도 없던 테일러가 토끼에게 몸을 돌리며 같이 있어 달라고 부탁한 후에 그동안 참고 있었던 감정을 쏟아 내기 시작했습니다. 지금까지 참아 왔던 감정 언어이니만큼, 그 말이 꽤나 기복이 심하고 복잡하고 이해하기 어려운 소리였을 것이 분명합니다. 테일러는 자신이 당한 일에 기막혀 하며 웃다가, 갑자기 소리를 지르다가, 어느 순간엔 침묵

속에 숨어 버리다가, 불현듯 정리정돈을 하다가, 문득 화를 내며 복수할 계획을 말하기도 했습니다. 매순간 감정이 널을 뛰며 왔다 갔다 하는 말에 정신이 하나도 없습니다. 그런데 사랑스러운 토끼의 귀는 테일러의 말과 행동에 맞춰 감정의 춤을 함께 추며 "그러는 내내" 테일러의 곁을 떠나지 않고 온몸으로 들어주었습니다.

우리도 중요한 타자의 말에는 몸을 기울이고 귀를 기울이게 되어 있습니다. 혹시라도 그 말을 제대로 듣지 않았다가 생길 불이익을 염려하기 때문에, 상대가 중요한 사람일수록 우리는 더 잘 듣기 마련입니다. 반면에 덜 중요하다고 생각하는 사람의 말이나 별 가치 없게 여기는 감정언어는 마음을 기울여 듣기가 쉽지 않습니다. 들을수록 피곤하기 때문입니다. 저는 은퇴 후 첫해를 맞이하면서 마음으로 준비하고 다짐하는 일이 하나 있었습니다. 바로 그동안 별로 중요하게 생각하지 않았던 말들에 귀를 기울이는 일입니다. 은퇴 전에 종종 농담처럼 웃으며 했던 말이 있는데, 은퇴하면 수다회화학원이라도 등록해서 말하기 듣기 훈련을 받고 싶다는 것이었습니다. 지금까지는 한 기관에서 오랫동안 리더십의 언어를 사용해 왔으니 제 주변에는 자연스럽게 제 말에 귀를 기울여 잘 듣는 사람들이 있었지만, 이제는 제 말을 듣지 않아도 상관없는 사람들 사이에서 계속 살아갈 것이기 때문입니다. 어쩌면 아무도 듣지 않고 저마다 제 말만 하는 사람들과 먼 길을 동행해야 할 수도 있습니다. 그러니 이제부터는 이런저런 얘기를 다 들을 수 있고, 오르락내리락하는 감정에 맞춰 반응해 줄 수 있는 테일러의 토끼처럼 귀가 커지는 나이가 되고 싶습니다. 그러고 보면 '듣다'라는 동사와 '나이를 먹다'는 동사는 자연스럽게 아름다운 동반자인 것 같습니다.

귀가 커지는 나이를 향해

『우당탕탕, 할머니 귀가 커졌어요』라는 그림책을 보면, 우리가 흔히 경험하는 층간소음에 관한 내용이 나옵니다. 좁은 집에 살다가 너른 집으로 이사하게 된 가족의 아이들이 너무 좋아서 춤을 추다가 아래층 사람에게 혼이 났습니다. 거의 매일 아래층을 의식하며 조심조심 지냈는데도, 아래층 할머니는 작은 소리에도 날마다 올라와 잔소리를 했습니다. 아이들은 점점 생쥐처럼 조금만 먹고 조그맣게 움직이고 소곤소곤 말하면서 작아졌고, 그러는 동안 아래층 할머니는 이상한 병에 걸렸습니다. 위층에서 늘 들리던 울고 웃고 떠드는 소리가 들리지 않아 궁금해진 할머니가 날마다 천장에 귀를 대고 쫑긋거리다 보니 귀가 커져서 나중엔 바닥에 질질 끌릴 정도가 된 것입니다. 의사는 할머니에게 들리지 않는 소리를 들으려고 너무 애쓰다 생긴 병이라는 진단과 함께 위층 사람들에게 편지를 썼습니다. 아래층 할머니가 못 들어서 생기는 병에 걸렸으니 위에서 시끄러운 소리를 내달라는 부탁이었습니다. 위층 가족은 할머니의 병을 낫게 하려고 다시 깔깔깔 웃고 뛰고 춤을 추었고, 덕분에 아래층 할머니도 정상적인 일상을 되찾았습니다.

저는 다세대주택에서 동생과 같이 살고 있는데, 위층에서 축

구하는 아이의 소리 때문에 집에서 일하는 동생이 거의 매일 고통스러워했습니다. 그런데 더 난감한 것은 엘리베이터에서 그 아이와 할머니를 만날 때마다 할머니가 손자의 머리를 찍어 누르며 시끄럽게 굴어서 죄송하다는 인사를 하라고 강요하는 순간이었습니다. 그때마다 저는 괜찮다고 웃으며 인사만 했지만, 한번은 동생과 함께 만났을 때 동생이 말했습니다. "할머니, 아이들이 뛰는 것은 너무 당연한 일이에요. 제가 알아서 시간을 조정할 테니 걱정하지 마세요" 하고 말했습니다. 고통을 당하는 당사자인 동생의 말이 근사하고 고마워서 집에 들어와 칭찬했더니 동생의 대답이 인상적이었습니다. "언니, 내가 저 아이를 아는 것과 모르는 것의 차이인 것 같아. 처음 이사 와서 아이를 모를 때는 그 소리가 공포스러울 정도로 힘들었는데, 아이를 알고 나서는 자연스럽게 시간대에 따라 나는 소리와 함께 저 아이와 일과를 공유하면서 괜찮아졌어." 그 후로는 저도 함께 위층에서 소리가 들리면 가만히 웃으면서 '오늘은 학교에 안 가나 보다', '오늘은 신이 났구나' 하고 아이의 안부를 챙기기까지 했습니다.

혼자 살아갈 수 없는 세상에서 우리는 언제나 서로의 짐이고 서로의 힘입니다. 우리 삶에 짐이 되는 일을 피하다 보면 힘이 되는 일도 만날 수 없습니다. 조금씩 서로 짐을 나눠 질 때 그만큼 내 짐이 덜어질 것입니다. 겉으로 나는 소리에 재빨리 반응하기보다 안에서 내지 못하는 소리를 듣기 위해 마음을 기울일 수 있는 여유가 그리운 나날입니다. 사람이 태어날 때 가장 먼저 귀가 나오고 마지막 순간까지 살아 있는 기관이 귀라는 것은, '듣다'라는 움직씨가 생의 끝까지 살아 있음을 강조하고 있습니다. 김혜

순 시인은 '귀는 부피를 듣느라 두 개다'라고 했는데, 우리의 귀가 '듣다'라는 동사와 함께 깊은 곳에서 올라오는 소리를 담을 수 있기를 소원해 봅니다. 앞서 언급한 라이너 쿤체의 「은엉겅퀴」라는 시는, 가만히 땅에 몸을 대고 모든 작은 것들의 소리를 듣는 빛나는 자세를 이렇게 표현했습니다.

뒤로 물러서 있기
땅에 몸을 대고

남에게
그림자 드리우지 않기

남들의 그림자 속에서
빛나기

KAFE
10

앉다

어스름이 내려앉는 시간을 좋아합니다. 길을 걷다가 볕 잘 드는 어느 벽에 기대앉아 지나가는 사람들 보는 것을 좋아합니다. 여러 말 하지 않아도 배움이 되는 이와 마주앉아 끄덕이는 시선을 좋아합니다. 긴 걸음에 지칠 때쯤 걸터앉아 하늘을 보여 주는 나뭇등걸을 좋아합니다. 때때로 내가 나서지 않아도 재미있는 이들과 둘러앉아 듣는 내가 모르는 이야기를 좋아합니다. 온종일 돌아다니다가 가만히 자리하고 가라앉는 말늘을 좋아합니다. 오늘 할 일을 다 마치고 물러앉아 길게 내쉬는 숨을 좋아합니다. 한밤중 혼자 하고 싶은 말이 있어서 꿇어앉아 속삭이는 기도를 좋아합니다.

길을 걷다가 잠시 의자에 앉아 쉬면서 '앉다'라는 동사가 지닌, 움직이지 않는 가운데 조용한 움직임의, 매력을 느끼며 글을 써 보았습니다. 뭔가 소란스러운 것들이 가라앉고, 분분한 마음들이 내려앉는 조용한 자리를 만들 줄 알아야 다시 일어서서 좋은 일을 할 힘을 챙길 수 있을 것 같은 기분이 들었습니다. 가만히 앉아 있다 보니, 그동안 움직이는 줄 모르고 있었는데 사실은 움직이고 있는 존재들의 신비에 감탄이 일기도 했습니다. 도대체 움직이고 있기는 한 건지 알 수 없지만 사실은 날마다 조금씩 목적지에 도착한다는 『달팽이 안단테』(엘리자베스 토바 베일리)의 이야기처럼, 우리 곁에는 오늘도 앉아서 움직이는 조용한 동사들 덕분에 거친 호흡을 가지런히 고를 수 있음을 깨닫게 됩니다. 해를 거듭할수록 일부러 자리를 잡고 앉지 않아도 몸의 고됨으로 자주 앉을 자리를 찾게 되지만, 앉은 김에 가만히 주변을 살피고 귀를 기울이면, 젊은 시절엔 보이지 않던 것들이 제 모습을 드러내는 것을 발견하게 됩니다. 오래 앉아 있다 보니 경험하는, 같은 자리에서 얼마 전까지 보이지 않던 존재와의 갑작스러운 조우는 하루의 경이를 충분히 넘어서게 합니다.

'앉다' 곁에 다가온 관계들

사람이 일생 걷는 거리가 지구의 여섯 바퀴에 달한다고 하니 사는 동안 참 많이 걷고 있습니다. 그렇게 걷고 돌아다니면서 만난 사람들, 그들과 나눈 말들, 그래서 일어난 갈등과 상처도 여기저기 꽤 많이 쌓여 있습니다. 그런데도 우리는 좀 더 유력한 사람을 만나고 싶고, 좀 더 새로운 곳에 가 보고 싶고, 갖고 싶고 먹고 싶은 것을 찾기 위해 먼 길도 마다하지 않고 바삐 돌아다니고 있습니다. 그래서 『나랑 같이 놀자』(마리 홀 에츠)라는 단순한 그림책이 자아내는 풍경과 함께 '앉다'라는 동사를 생각해 보려 합니다. 아침이 되면 풀잎에 이슬이 맺히는 시간부터 들판으로 나가 새로운 친구를 사귀고 싶어 하는 아이가 있습니다. 아이는 들풀에 붙어 아침밥을 먹고 있는 메뚜기에게 가서 "메뚜기야, 나하고 놀래?" 하며 메뚜기를 붙잡으려고 했습니다. 하지만 메뚜기가 톡 톡 튀어 달아나 버리자 이내 아침밥으로 모기를 잡으려고 기다리던 개구리에게 다가갔습니다. 그런데 아이를 피해 개구리도 펄쩍 뛰어 도망가 버렸고, 거북이는 아이의 손이 닿기도 전에 물속으로 풍덩 들어가 버렸습니다. 아이는 다람쥐에게 달려가지만 다람쥐도, 어치도, 토끼도, 심지어, 뱀마저 달아나고 말았습니다. 아무도, 아무도, 아이랑 놀려고 하지 않았습니다.

아무도, 아무도, 자기랑 놀려고 하지 않자, 아이는 연못가로 가서 바위 위에 가만히 앉았습니다. 벌레 한 마리가 물결을 일으키고 있었지만 벌레에게 말을 걸지 않고 그냥 가만히 앉아 있었습니다. 그런데 이 "앉았어요"라는 움직씨가 아이에게 새로운 관계의 파동을 일으켰습니다. 앉아 있자 다가오는 관계들이 생겼습니다. 관계를 맺기 위해 여기저기 바삐 돌아다니며 자신에게로 잡아당기려던 행동을 멈추고 가만히 앉아 있자, 멀리 달아났던 메뚜기가 돌아와 아이 곁에 앉았습니다. 조금 있자 개구리도 돌아와 풀밭에 앉았습니다. 느림보 거북이도 통나무 위로 돌아오고,

다람쥐도 나타나서 재잘거리고, 어치도 나뭇가지로 돌아왔습니다. 토끼도 돌아와서 폴짝거리고, 뱀마저 굴에서 나왔습니다. 가만히 앉아 있는 아이 곁으로 모두들 가까이 다가와 함께 있어 주었습니다. 류시화 시인의 『사랑하라 한 번도 상처받지 않은 것처럼』이란 시집에서 7세기 문인화가 진계유의 「뒤에야」(然後)라는 시를 읽었는데, 처음에 이런 문장이 있었습니다.

고요히 앉아 본 뒤에야
평상시의 마음이 경박했음을 알았네.
靜坐然後知平日之氣浮(정좌연후지평일지기부)
침묵을 지킨 뒤에야
지난날의 언어가 소란스러웠음을 알았네.
守默然後知平日之言躁(수묵연후지평일지언조)

'고요히 앉아 본 뒤에야' 비로소 알게 되었습니다. 무엇을 얻기 위해 그토록 힘들게 여기저기 기웃기웃했는지 깨닫게 되었습니다. 가만히 앉아 있다 보니 애걸복걸하지 않아도 천천히 다가오는 관계들이 생겼습니다. 어쩌면 메뚜기와 개구리도, 햇빛을 즐기던 거북이와 다람쥐도, 새와 토끼들도 자신들의 고요한 아침을 어지럽힌 소란스러운 기척이 싫어서 모두들 사라져 버렸을지 모릅니다. 멈춤 가능한 세계를 상상하지 못한 채 질주하는 인간들의 시끄러운 속도가 자연 세계와의 불화를 가져왔습니다. '앉다'라는 동사를 뒤처짐으로 여기며 계속 가다가는 아무도, 아무도, 인간들과 친구가 될 수 없을 것입니다. 인간은 존재함으로써 자연 세계를 위험에 빠트린다고 했는데, 좀처럼 앉아 있지 못하는 우리의 많은 움직임 때문에 다른 존재의 움직임이 줄어들고 있진 않은지 돌아보게 됩니다.

"나는 줄곧 잠자코 앉아 있었습니다(이젠, 아무도 겁을 먹고 달아나지 않았죠)"라는 책 속의 문장과 함께 우리 삶에도 '앉다'와 함께 고요한 변화가 일어나길 기대해 봅니다. 앉아 본 뒤에야 일어서서 돌아다니던 피곤함을 알고, 앉아 본 뒤에야 다시 일어설 마음이 생길 것입니다. 앉아 있어야 이뤄지는 만남이 있습니다. 바삐 돌아다니다가 마주친 순간의 만남이 아니라, 한 자리에 앉아 가만히 응시하면서 서로에게 기꺼이 물드는 시간을 내어 주는 만남이 있습니다. 노벨문학상을 수상한 미국 시인 루이스 글릭(Louise Glück)의 『시골생활』에 수록된 「황혼」이라는 시가 있습니다. 시의 앞부분에 점점 덜 앉아 있게 되는 삶을 아쉬워하며 오랜 시간 앉아 꿈꾸는 시간이 많아져야 함을 노래했습니다.

하루 종일 그는 사촌의 방앗간에서 일한다.
밤에 집에 오면, 늘 하나 있는 이 창문에 앉아,
그는 하루 중 단 한 번, 황혼을 본다.
이런 시간, 이렇게 앉아 꿈꾸는 시간이 더 많아져야 해.
그의 사촌이 말했듯이:
살다 보면—살다 보면 점점 덜 앉아 있게 된다.

복음서에서 '앉다'라는 동사를 가장 아름답게 그린 장면으로 저는 "주님의 발 곁에 앉아서 말씀을 듣고"(눅 10:39) 있었던 마리아의 모습을 생각합니다. 예수님을 환대한 마르다와 마리아의 이야기에서 마르다는 분주히 서서 일하는 모습으로, 마리아는 주의 현존 앞에 앉아서 몸과 마음을 기울여 그의 말씀을 경청하는 모습으로 그려져 있습니다. 이에 대해 예수님은 마리아가 "좋은 몫을 택하였다. 그러니 아무도 그것을 그에게서 빼앗지 못할 것"(눅 10:42)이라고 하셨습니다. 주님을 섬기는 일에 앞서 주님의 발 곁에 앉아 먼저 말씀을 듣는 일이 최고의 섬김이라는 사실을 깨닫게 됩니다. 일어서서 일하기 전에 앉아서 주님의 말씀을 들어야 제대로 된 하루를 살아갈 수 있습니다.

'앉다'라는 동사와 함께 우리가 앉아 있어야 할 이유들을 생각해 보았는데, 한 걸음 더 나아가 타자의 앉을 자리에 대해서도 우리가 살펴야 할 부분이 많음을 깨닫습니다. 배리 존스(Barry Jones)의 책 『dwell』의 마지막 장은, "복되도다, 플레이스메이커여"라는 제목과 함께 우리가 peace maker를 넘어 place maker로 살아가야 할 것을 요청합니다. 즉, 하나님이 우리를 두신 이 자리에서 하나님의 현존 앞에 살며 이 자리의 평화(샬롬)를 구하고, 더 나아가 다른 사람도 앉아 쉴 수 있는 샬롬의 자리를 만들어 주는 사람으로 살라는 요청입니다. 이정록 시인은 「의자」라는 시에서, "사는 게 별거냐 그늘 좋고 풍경 좋은 데다가 의자 몇 개 내놓는 거여"라고 했습니다. 우리가 사는 날 동안 필요한 곳에 의자 몇 개 내놓는 삶을 살았으면 하는 마음입니다. 손님이 오면 언제나 방석부터 내놓으며 어서 앉으라 권하시는 어른들의 환대를 기억하며, 오늘도 지친 걸음을 걷는 이들에게 여기 잠시 앉았다 가라고 초청하는 손짓을 보내고 싶습니다.

걷다

마침내 나는 일어섰다.

그리고 한 발을 내디뎌 걷는다.

어디로 가야 하는지, 그리고

그 끝이 어딘지 알 수는 없지만,

그러나 나는 걷는다.

그렇다. 나는 걸어야만 한다.

프랑스 조각가인 알베르토 자코메티(Alberto Giacometti)의 서울 전시회에서 만난 글입니다. 당시 전시회 대표작이었던 <걸어

가는 사람>은 일반적인 조각작품과 달리 가느다란 뼈대에 어두운 찰흙을 아주 조금만 붙여 놓은 듯한 독특한 형태로 눈길을 끌었습니다. 같이 전시된 그의 다른 작품도 대부분 금세 부스러질 것처럼 약한 형체들이었지만, 하나같이 몸을 세워 앞으로 걸어가는 모습으로 뭔가 위태로우면서도 끈기 있는 인간의 생명력을 보여 주는 듯했습니다. 작품을 보며 "인간이 아무리 빈약한 체구를 가졌더라도 서 있을 수 있는 한 희망을 가질 수 있다"는 자코메티의 수직에 관한 미학을 경험한 시간이었습니다. '걷다'라는 동사를 생각하면서 자코메티의 <걸어가는 사람>이 떠오른 데는 나름 이유가 있습니다. 많은 사람이 점점 더 사적 공간에 틀어박혀 온라인 활동을 하며 시간을 보내느라 몸으로 하는 일은 소홀히 여기는 것 같은 아쉬움 때문입니다.

걸음이 쌓여 만들어진 길을 걷는 사람들

사람이 태어나서 기어다니다가 처음 두 발로 서서 걸음마를 시작할 때, 사랑하는 이들의 박수를 받으며 '걷다'라는 움직씨가 평생 움직임으로 들어갑니다. 한 걸음 두 걸음, 다시 세 걸음, 그렇게 걸음이 쌓여 길이 되고, 그 길을 밟고 지나오는 동안 수많은 일을 겪고 각각의 진보와 변화를 이루며 지금까지 걸음을 이어 오고 있습니다. 생애 첫걸음이 시작된 이래, 아장걸음으로 새롭고 신기한 것에 눈이 열리고, 종종걸음으로 여기저기서 배워야 할 것을 마음에 채우고, 내친걸음에 큰 뜻을 품기도 했습니다. 때로는 제자리걸음으로 맴돌며 답답해하기도 했고, 뒷걸음치며 놀란 가슴 쓸어내리고 숨 돌릴 틈을 얻기도 했습니다. 나이가 들면서는 그동안 걸어온 길을 되돌아보았습니다. 헛걸음으로 생긴 아쉬움은 괜찮아졌는지 살피고, 허튼 걸음으로 키운 어려움을 뉘우치기도 하면서 여기까지 걸어온 걸음에 대부분 고마움을 표현하고 있습니다. 이제부터는 껑충걸음도 잰걸음도 조심스럽고, 가끔은 가탈걸음이 아슬아슬해 보이기도 하겠지만, 제게 허락된 끝걸음까지 다 밟아 나가기를 소원하며 감사함으로 오늘 다시 한 걸음을 내딛습니다.

'걷다'라는 움직씨에는 '겪다'라는 움직씨가 따라다닙니다. 걷는 사람은 걷는 동안 무언가를 만나고, 무언가를 겪고, 무언가를 배웁니다. 저는 아침저녁으로 집 근처 호수를 산책하는데, 가끔은 서로 모르는 사람끼리도 불러 세우며 같이 웃게 되는 장면이 하나 있습니다. 호숫가에 올라온 거위들이 볕을 쬐거나 지나가는 사람들에게 말을 거는 것처럼 보이는 행동을 할 때입니다. 사람들은 그 모습을 공유하며 함께 즐거워합니다. 매일 다니는 익숙한 길이기에 그냥 지나칠 수도 있지만, 길을 걸으며 모르는 사람과도 웃음을 나누는 유쾌한 경험을 하며 안셀름 그륀(Anselm Gruen)이 쓴 『길 위에서』라는 책에서 배운 독일어가 생각났습니다. 독일어로 '가는'(fahren) 사람은 무언가를 '겪어 알게'(erfahren) 되고, '길을 걷는'(wandern) 사람은 무언가를 '깨닫게'(bewandert) 된다는 말입니다. 그는 '걷기'(Wandern)와 '변모'(Wandlung)가 '전환하다'(wenden)와 어원이 같다면서, '걷는다는 것'은 '거듭 전환한다'는 것, '끊임없이 변모한다'는 것이라고 했습니다. 걸음에 자신을 맡긴 사람은 무언가를 겪으면서 변모를 일으키고, 마침내 그 걸음은 하나님께로 이끄는 길이 된다는 말일 것입니다. 길은 걸음이 쌓여 만들어집니다. 지금까지 제가 걸어온 '보행'(步行)이 어떤 일을 겪으면서 어떤 '품행'(品行)으로 변모했는지 돌아보며, 계속해서 '진행'(進行)해 가야 할 제 걸음을 정돈해 봅니다.

걸어온 길, 겪어 온 일

2002년 독일의 '가장 아름다운 책'으로 뽑힌 유타 바우어(Jutta Bauer)의 『할아버지의 천사』라는 그림책이 있습니다. 병상에 누워 계신 할아버지가 손자에게 자신이 걸어온 길, 겪어 온 일을 차례차례 들려주는데, 어린 시절 아침마다 큰 광장을 가로질러 학교에 가는 이야기로 시작합니다. 할아버지의 유년은 다른 아이들과 다를 바 없이 학교 가느라 바쁘고 가방이 너무 무거워서 광장 한가운데 있는 천사 동상 따위엔 눈길을 줄 시간이 없었습니다. 하지만 천사는 커다란 동상에 갇혀 있지 않고 거기서 빠져나와 어린 할아버지가 걷는 길에 함께했습니다. 어떤 날엔 하마터면 버스에 치일 뻔했는데 천사가 몸을 던져 막아 준 덕분에 무사했고, 어떤 날엔 구덩이에 빠질 뻔했지만 천사가 잡아 줘서 무사했고, 으슥한 골목에서도 천사가 미리 악당들의 눈을 가리고 있어서 할아버지는 아무것도 모른 채 콧노래를 부르며 활보할 수 있었습니다. 덕분에 유년의 할아버지는 높은 곳에 오르든지, 깊은 곳에 뛰어내리든지, 사나운 개를 만나든지, 힘센 친구들이 괴롭히든지, 언제 어디서든 무섭지 않았습니다. 할아버지는 자신의 힘이 세서 그런 줄 알았겠지만, 실은 할아버지 뒤에 항상 동행했던 천사의 보살핌이 있었기에 용기 있는 유년 시절을 보낼 수 있었습니다. 우리의 유년 시절도 하고 싶은 일, 가고 싶은 곳, 갖고 싶은 것이 많아 이리저리 거침없이 뛰어다니면서 여기저기 다치지 않은 데가 없었을 것입니다. 그럼에도 무사히 그 시기를 지나올 수 있었던 이유는 우리의 걸음마다 주님의 팔이 함께하셨기 때문입니다.

주님의 돕는 손길을 생각할 때마다 저는 중학교 때 겪은 어느 여름수련회가 떠오릅니다. 작은 시골교회 학생부에서 중고등학생 열대여섯 명이 청년 교사 두어 명과 충남 서천에 있는 비인 해변에서 수련회를 했습니다. 낮에는 해변에서 놀다가 소나무 숲에 자리한 민박집에서 밤을 보냈는데, 다음 날 아침 일어나 보니 밤새 내린 비로 우리가 머물던 집이 완전히 고립되어 옴짝달싹할 수 없는 지경이 되었습니다. 그때는 휴대폰이 없었기 때문에 우리의 사정을 어디에도 알릴 방법이 없었습니다. 모두 추위와 무서움에 떨고만 있을 때, 저와 같은 또래 한 친구가 기타를 치면서 <내일 일은 난 몰라요>라는 복음성가를 부르기 시작했고, 다 함께 따라 부르다가 노랫말에 취해 눈물 콧물 흘리며 통곡인지 노래인지 기도인지 모를 소리로 뒤범벅되었습니다.

그렇게 두세 시간이 지난 다음 어디선가 웅성거리는 소리가 들려왔습니다. 마을 사람들이 구조하러 오는 소리였습니다. 마을 청년들이 나무와 나무 사이를 밧줄로 연결해서 허리까지 차오른

물을 헤치며 다가와 산속에 고립된 우리를 하나씩 마을로 인도해 주었습니다. 마을회관에서는 어른들이 따뜻한 국물이 있는 밥상을 차려 놓고 우리를 맞이하면서 이야기를 들려주셨습니다. 사람들이 마늘밭을 살피러 나갔다가 어디선가 주일학교 때 들었던 곡조와 비슷한 노랫소리가 들려 울컥했는데, 듣다 보니 혹시 교회 수련회로 해변에 온 아이들이 고립된 것 아닌가 싶어 우리를 찾아 나섰다는 이야기였습니다. 우리는 모두 무사히 구조되었고, 내일 일은 몰라도 오늘 하루는 하루만큼 다 걸어갈 수 있도록 안전하게 이끄시는 친절한 팔이 있다는 사실도 배웠습니다. 48년 전 그날, 어떤 조건도 없이 따뜻함을 베풀어 준 비인 해변 근처 마을 사람들은 저에게 평생 잊지 못할 환대를 보여 주었습니다. 더불어 주님이 보내신 천사의 손길이 얼마나 강력한 유대와 연대로 우리와 함께하고 있는지를 몸으로 깨닫는 사건이기도 했습니다. 그런데 이런 이야기가 이때뿐이었을까요? 소년의 때, 청년의 때, 장년의 때, 지금까지 걸어오는 동안 때마다 어떤 친절한 손이 곁에 있었는지 나눌 이야기가 수두룩합니다.

우리와 함께 걸으시는 하나님

『네가 걸으면 하나님도 걸어』라는 홍순관의 책 제목처럼, 우리가 길을 걷는 내내 하나님이 우리와 함께 걸으십니다. 하지만 하나님이 함께 걷고 계신다는 사실을 느끼지 못하고 살아가는 때가 허다히 많습니다. 『할아버지의 천사』에서도 할아버지가 어른이 되어 인생의 곤고함을 온몸으로 겪어 나갈 때 천사의 도움은 어디에도 없는 것처럼 보였습니다. 이 책에서 제가 좋아하는 장면은 바로 할아버지의 모든 어려운 시간에 천사가 할아버지 곁에서 그 모든 곤경을 함께 묵묵히 견디는 모습입니다. 천사는 할아버지의 친한 친구가 수용소로 끌려갈 때 멀찍이서 눈물을 흘리고 있고, 전쟁이 터졌을 때는 할아버지가 몸을 숨긴 참호에 같이 숨어 떨고 있고, 배고픔에 시달리며 식량을 배급받기 위해 줄 서 있을 때는 초췌한 얼굴로 할아버지 뒤에 서 있었습니다. 할아버지가 여러 가지 힘들고 지루한 일을 할 때나 잘하지 못하는 일을 해야 할 때도 천사는 할아버지와 함께 그 어려움을 겪었습니다. 모래 위에 두 사람의 발자국이 있다가 가장 힘든 순간에는 한 사람의 발자국밖에 없었는데 그때는 주님이 그를 업고 지나갔기 때문이라고 한, 「모래 위의 발자국」이라는 시가 생각나는 장면입니다.

할아버지의 천사는 어려운 때뿐만 아니라 사랑하는 사람을 만나 아이를 낳고, 집을 짓고, 자동차를 사고, 사랑하는 손자와 함께 물놀이를 하는 모든 행복한 순간에도 다정한 동행을 이어 갔습니다. 할아버지는 걸어온 길을 돌이켜 보니 정말 멋진 인생을 살았다고 고백할 수밖에 없었습니다. “노인이 되면 밤새 기억을 뒤로 걷는다”라는 말이 있는데, 할아버지는 밤새 침대에 누워서 지금까지 걸어온 모든 길을 기억으로 다시 걸으며 그 모든 길에 손자를 초대했습니다. 가끔은 힘들고 외로운 길이었지만 천사와 함께 걸어온 길이 얼마나 멋진 경험이었는지 사랑하는 손자에게 모두 전하고 싶었던 것입니다. 마침내 천사가 할아버지의 영혼을 어루만져 하나님께로 인도했을 때, 그때부터는 할아버지의 천사가 손자의 천사가 되어 길을 걸으며 손자를 따라가고 있습니다. 할아버지의 천사가 손자의 뒤를 따르는지 할아버지가 천사로 변모하여 손자를 보살피기로 했는지는 잘 모르겠지만, 손자의 앞길이 다정하게 펼쳐집니다. 이제부터는 '손자의 천사' 이야기가 손자가 걷는 모든 걸음마다 함께할 것을 기대할 수 있습니다.

오늘도 내일도 그다음 날도…

구약성경에서 '하나님과 함께 걸었다'(he walked with God)는 표현은 곧 은혜받은 자의 삶을 드러냅니다. 에녹이 그랬고, 노아가 그랬고, 수많은 의인이 하나님과 함께 걸음으로써 은혜받은 자의 삶을 살았습니다. 그들이 의로운 사람이어서 하나님과 함께 걸은 것이 아니라, 하나님과 함께 걷는 삶이어서 평생 의로운 사람으로 불린 것입니다. 솔로몬의 기도에 표현된 "온 마음을 다 기울여 주님의 뜻을 따라 사는 주님의 종들"(왕상 8:23)은 '온 마음을 다해 하나님 앞에서 걸어가는 주님의 종들'과 같은 의미입니다.

이처럼 성경은 곳곳에서 '걷다'와 '살다'를 같은 뜻으로 사용하는데, 에베소서 4:1에 기록된 "부르심에 합당하게 살아가십시오"의 '살아가십시오'도 '걷다, 거닐다'의 뜻을 지닌 히브리어 '할라크'에서 비롯된 헬라어 동사 '페리파테오'입니다. 이는 빌립보서 1:27, 골로새서 1:10, 데살로니가후서 2:12, 4:12에서도 같은 뜻으로 기록되었습니다. 그리스도인이 걸어가는 길이 곧 그리스도인의 삶입니다. 또한 '할라크'는 하나님의 행동을 표현할 때도 사용되었습니다. "하나님이 직접 찾아가셔서, 이스라엘을 구하여 내시고"(삼하 7:23), "우리를 도우러 와 주십시오"(시 80:2), "내가 너보다 앞서 가서"(사 45:2)와 같이 우리를 도우려고 걸어오시는 하나님의 모습을 표현할 때도 '할라크'라는 동사를 사용합니다. 위기에 처한 우리를 구하시려고 우리에게 걸어오시는 하나님, 그 분을 향해 온 마음을 기울여 걸어가는 우리의 모습이 '걷다'라는 움직씨와 함께 은혜의 길 위에 펼쳐집니다.

그러나 오늘도 내일도 그 다음 날도, 나는 내 길을 가야 하겠다.

예루살렘으로 여행하시는 예수님께 바리새인들이 와서, 헤롯이 당신을 죽이려 하니 여기를 떠나 피하라고 충고하자 예수님이 건네신 말씀입니다(눅 13:33). 사방에 적의의 눈빛이 가득하고, 의심과 편견과 독선의 말이 에워싼 상황에서도 예수님은 자신이 가야 할 길을 잊지 않고 계속해서 가야 한다고 말씀하셨습니다. 저는 여기에서 "오늘과 내일과 모레는…"이라고 옮긴 개역개정보다 "오늘도 내일도 그 다음 날도…"라고 옮긴 새번역이 더 와 닿았습니다. 사소한 차이지만 '그 다음 날도'라는 표현에서, 앞으로 다가오는 모든 여정을 하나도 빼놓지 않고 하루하루 꾹꾹 눌러 밟으며 끝까지 걸어가는 그림이 눈앞에 그려지기 때문입니다.

어느 때보다 찢기고 상한 영혼들의 신음이 깊은 지금 이때, 이 구절을 생각하며 제게 주어진 길을 끝까지 걸어갈 수 있기를 소원합니다. 앞에서 언급한 홍순관의 책에 "내 길을 걷는 것이 남에게 길을 내주는 것"이라는 표현이 있는데, 마음을 기울여 하나님을 향해 걷는 걸음이 쌓여 누군가에게 좋은 길을 내줄 수 있음을 다시 배웁니다. '보행'이 모여 '품행'이 된다는 사실을 믿기에, 오늘은 제 걸음걸이부터 잘 살펴 걸어야겠습니다. 이 걸음의 끝이 집을 향해 걷고 있음을 믿기에, 가끔은 허청걸음으로 휘청일 때도 있지만 같이 걸으시는 넉넉한 분의 발걸음을 따라 한 번에 한 걸음씩만 걸어야겠습니다.

관광객은 요구하고, 순례자는 감사한다.

유은실 작가의 소설 『순례주택』에는 순례자처럼 살고 싶어 이름을 '순례'(巡禮)로 짓고 사람들을 도와주며 사는 순례 씨가 나오는데, 위 문장은 순례 씨가 평소 좋아하는 말입니다. 오늘 우리의 길이 산티아고 순례길은 아닐지라도, '걷는 사람'으로 부름받은 순례자로서 때마다 걸음마다 고마움으로 우리의 고개가 끄덕이면 좋겠습니다. 지금 우리 곁에서 같은 길을 걷는 일행(一行)에게 순례자의 인사도 자주 건네면 좋겠습니다.

Buen camino!(좋은 순례길 되세요!)

기다리다

주님의 시간에 그의 뜻 이뤄지리 기다려
하루하루 살 동안 주님 인도하시니 주 뜻 이룰 때까지 기다려
기다려 그때를 그의 뜻 이뤄지리 기다려
주의 뜻 이뤄질 때 우리들의 모든 것 아름답게 변하리 기다려

<주님의 시간에>라는 CCM입니다. 아무것도 확신할 수 없었던, 그저 마음 가득 꿈만 키워 가던 청년 시절, 교회 청년부실에 옹기종기 모여 통기타 하나에 의지하여 이 노래를 목청껏 부르다 보면 너나 할 것 없이 하나둘 안도의 눈물을 흘렸던 기억이 있습

니다. '지금 우리의 시간은 한창 시끄럽고 앞이 캄캄하여 불안하지만, 이 모든 것을 아름답게 만들어 주시는 그분의 시간이 오고 있으니 기다려, 그러면 돼' 하는 마음으로 노래를 부르며 젊은 날의 혼돈을 다잡았습니다. 무엇이든 빠르고 쉽게 가는 길의 유혹을 받기 쉬운 젊음의 때, '기다리다'라는 움직씨를 품고 사는 것이 곧 신앙인의 삶이라는 것도 배울 수 있었습니다. '약속'이라는 설렘 가득한 명사(이름씨)에는 언제나 '기다리다'라는 힘들고 지루한 동사(움직씨)가 필요조건처럼 따라다닙니다. 그런데 '기다리다'라는 동사는 젊음의 때뿐만 아니라 나이마다 제 나이에 따라 조금씩 다르게 자리하고 있는 듯합니다. 일곱 살에는 약속한 선물이 제시간에 도착하기를, 열두 살에는 얼른 커서 어른이 되기를, 스무 살에는 모든 그리움의 대상이 손에 잡히기를, 마흔 살에는 다시 한 번 심장 뛰는 일을 만나기를, 예순 살에는 살아가고 사라지는 날에 고마움이 덧입기를 바라고 기다립니다. 그다음엔 바울이 고린도 교회에 보낸 편지에 쓴 것처럼 땅에 있는 우리의 장막 집이 무너지고 하늘에서 오는 처소를 덧입기를 간절히 사모하고 기다리는 일이 우리에게 남아 있습니다(고후 5:1-2). 그날을 기다리며 '기다리다'라는 동사를 생각해 봅니다.

기다리다, 열망의 몸짓으로

'기다리다'라는 동사는 성경의 처음부터 끝까지 곳곳에 가득합니다. 사십 주야로 비가 쏟아지던 대홍수 때, 방주 안에서 비가 그치기를 기다리던 노아는 마침내 비가 그치자 물이 줄어들었는지 알아보려고 비둘기를 내놓았습니다. 그리고 비둘기가 감람나무 새 잎사귀를 물어 오기까지 다시 기다렸습니다. 아브라함은 하나님께 하늘의 별처럼 많은 자손을 약속받았지만, 아브라함 생전에 그 약속의 성취는 겨우 한 조각만 맛볼 수 있을 정도였습니다. 아브라함의 생애 전체가 기다림의 연속이었고, 하나님의 약속이 이뤄지기까지 대대손손 기다리고 또 기다려야 했습니다. 하나님의 백성은 430년 동안의 오랜 노예 생활을 거쳐 출애굽할 때까지 기다려야 했고, 40년 광야 생활 내내 떠남과 머무름을 위해서도 하나님의 임재를 기다려야 했습니다. 그들은 약속의 땅에 도착해서도 때마다 하늘에서 내리는 비를, 전쟁에서 들려올 승리의 소식을, 약속을 이어 갈 자녀를 기다렸습니다. 그리고 척박한 포로 생활 끝에 하나님이 약속하신 메시아가 오길 간절히 기대하며 기다렸습니다. 마침내 그리스도께서 우리 가운데 오셔서 우리와 동행하시며 약속하신 구원을 이루시기까지 또 기다렸습니다. 그야말로 '기다리다'라는 동사는 하나님 백성의 주특기가 될 정도로 익숙한 낱말입니다. 그런데 하나님 백성 편에서 '기다리다'라는 동사가 움직일 때, 하나님 편에서는 언제나 "너와 함께하리라", "약속하신 것은 능히 이루실 것이라", "앞서 행하시리니"라는 하나님의 동사가 같이 활동했습니다. 이처럼 성경은 우리의 기다림이 혼자만이 공허한 행동이 아니고, 우리의 기다림을 맞이하기 위해 오시는 이가 함께 움직이고 있음을 보여 줍니다.

'기다리다'라는 동사는 모든 피조 세계에 나타나는 중심 활동입니다. 농부들은 벼이삭를 기다리며 오랜 시간 물끄러미 먼 데를 응시하다가 때가 되면 날쌔게 먹이를 잡아챕니다. 식물들은 한 자리에서 아무런 움직임도 없이 수동적인 모습으로 가만히 있는 듯 보이지만, 그 속으로는 부지런히 싹을 내고 꽃을 피우고 열매를 맺습니다. 그러고 보면 '수동적'(passive)이라는 단어와 '열정'(passion)이라는 단어가 '참는다'라는 뜻의 라틴어 어근 'pati'에서 왔다고 하니, '기다리다'라는 움직씨는 잠잠히 있는 듯 보이지만 실상은 끊임없이 새순을 내는 열망의 몸짓이 단단한 껍질 속에서 지속적으로 활동하고 있는 것입니다. 무수한 밤과 낮이 지나는 동안 아무 일도 일어날 것 같지 않은 작은 씨앗 하나에서 불쑥 새싹이 올라오는 신비를 경험한 농부는, 누구보다 이 '기다리다'라는 움직씨와 함께 수도 없이 많이 몸을 움직일 것입니다.

고치 속에 틀어박혀 있는 용기

'기다리다'라는 동사의 신비를 적실하면서 아름답게 그린 『꽃들에게 희망을』(트리나 폴러스)이라는 그림책이 있습니다. 대를 이어 읽는 책이 아닐까 싶을 정도로 전 세계 많은 사람에게 사랑받는 이 이야기는, 작은 호랑 애벌레 한 마리가 오랜 시간 보금자리였던 알을 깨고 나오면서 시작됩니다. 호랑 애벌레는 자기가 태어난 곳인 초록 나뭇잎을 먹으며 지내다가 이것만이 삶의 전부가 아닐 거라는 생각을 하며 바삐 기어가는 애벌레 떼에 섞여 그들과 함께 애벌레 기둥을 올랐습니다. 서로 밟고 밟히는 경쟁에서 다른 애벌레들을 디딤돌 삼아 열심히 오르던 호랑 애벌레는,

어느 순간 자기 발밑에서 숨을 헐떡이는 노랑 애벌레를 만났습니다. 이미 이런 생활에 환멸을 느낀 노랑 애벌레가 같이 내려가자는 말에 호랑 애벌레는 기둥에서 내려와 파릇한 풀밭에서 행복한 날을 보냈습니다. 하지만 호랑 애벌레는 기둥 끝에 무언가 더 있을 거라는 기대를 버릴 수 없어 다시 길을 떠났고, 노랑 애벌레는 다른 길이 있을 거라는 생각에 기다리기로 했습니다. 노랑 애벌레는 어느날, 늙은 애벌레 한 마리가 나뭇가지에 거꾸로 매달려서 털투성이에 갇혀 있는 것을 보고 곤경에 빠진 것 같아 도와주려고 했지만, 늙은 애벌레는 나비가 되려면 이렇게 해야 한다며 노랑 애벌레를 말렸습니다. 노랑 애벌레는 솜털투성이에 지나지 않은 애벌레의 모습 속에 찬란한 나비가 들어 있다는 말이 믿기지 않았습니다. 무엇보다 말라 죽은 것처럼 보이는 고치 속에 틀어박혀 있을 용기는 더더욱 없었습니다.

> **고치는 변화가 일어나는 동안 잠시 들어가 머무는 집이란다.…다만 시간이 걸릴 뿐이야!**

조용한 확신으로 가득 찬 늙은 애벌레를 지켜보면서 노랑 애벌레도 늙은 애벌레의 고치 옆에 매달려 자신의 몸에서 실을 뽑아 고치를 만들기 시작했습니다. "내 속에 고치의 재료가 있다면, 틀림없이 나비의 재료도 있을 거야." 노랑 애벌레는 고치를 만들고 그 속에 들어가 긴 시간을 기다림으로 채웠습니다. 그러는 동안 호랑 애벌레는 거의 목적지에 도착했지만 기진맥진한 상태가 되었습니다. 가장 높은 곳에 올랐지만 그곳은 너무 아슬아슬했고, 전혀 고귀한 자리가 아니었습니다. 밑에서 바라볼 때는 무척 대단해 보였지만, 올라와 보니 다른 애벌레를 짓밟고 올라가야 하는 애벌레 기둥이 사방에 수두룩했습니다. 노랑 애벌레의 기다리는 용기가 옳은 선택이었다고 생각하는 순간, 눈부신 노랑 날개를 지닌 생명체 하나가 애벌레 기둥 주위를 맴돌며 호랑 애벌레와 눈이 마주쳤습니다. 나비였습니다. 호랑 애벌레는 비로소 자신이 무엇을 해야 하는지 깨닫고, 기둥에서 내려와 노랑 애벌레가 했던 것처럼 고치 속에 들어가 긴 기다림의 시간으로 몸을 감싸기 시작했습니다.

기다리다, 기다리는 대상을 만나기까지

수 몽크 키드(Sue Monk Kidd)는 『기다림』이라는 책에서, "우리는 언제나 사람들을 에스컬레이터에 태워 최대한 빨리 신앙의 다음 단계로 보내 주려 한다"라고 탄식한 어느 교수의 강의를 언급하면서, 기독교가 '번데기-고치 영성' 대신 '에스컬레이터 영성'을 지향한다며 아쉬워했습니다. 그리고 이어서 어떤 생명체가 고치에 들어가 기다릴 때마다 하나님의 마음도 거기 있다고 했습니다. 우리는 기다림을 가장 어두운 곳에서 허비하는 시간처럼 느낄지도 모릅니다. 하지만 기다림이야말로 하나님이 신비의 팔로 우리를 감싸 안으시며 빛으로 빚어 가시는 새 창조의 시간입니다. 폴라 구더(Paula Gooder)는 『기다림의 의미』에서 '기다리다'로 번역된 히브리어 단어가, 부가적으로 '간절히 바라보다' 혹은 '숨어서 기다리다'라는 뜻을 지니고 있어서, '파수꾼'이 된다는 개념을 수반한다고 했습니다. 그리고 파수꾼의 일은 특정 인물이 오기를 기다리며 눈을 떼지 않고 먼 곳을 바라보다가 마침내 그가 올 때 같은 길로 오는 다른 이들로부터 그를 구별해 내는 거라고 했습니다. 기다린다는 것은 기다리는 대상이 오고 그 대상이 내가 기다리던 그가 분명한지 확인될 때까지 기다리는 것을 의미합니다. 그러므로 '기다리다'라는 동사는 '주시하다'라는 동사와 함께 움직이면서, '기다리는 자'가 곧 기다리는 대상이 오는 곳을 '주시하는 자'임을 말해 주고 있습니다. 황지우 시인은 「너를 기다리는 동안」이라는 시에서 너를 기다리는 시간이 곧 너에게로 가는 시간이라고 했습니다.

너를 기다리며
마침내 나는 너에게 간다
아주 먼 데서 나는 너에게 가고
아주 오랜 세월을 다하여 너는 지금 오고 있다
아주 먼 데서 지금도 천천히 오고 있는 너를
너를 기다리는 동안 나도 가고 있다
남들이 열고 들어오는 문을 통해
내 가슴에 쿵쿵거리는 모든 발자국 따라
너를 기다리는 동안 나는 너에게 가고 있다.

간절히 기다리는 대상을 만나기까지, 그를 기다리는 동안 계속 문 쪽으로 시선이 향하고 있습니다. 문 여닫는 소리에도, 바스락거리는 나뭇잎 하나에도 온 신경이 쏠려 있습니다. '기다리다'라는 동사가 더는 수동적으로 멈춰 있지 않고 마침내 기다리는 대상을 향해 나아가는 능동의 힘이며, 동시에 온 힘을 기울여야 하는 노동의 일임을 알 수 있습니다. 시편의 시인은 성전을 향해 올라가는 노래에서 "내 영혼이 주님을 기다림이 파수꾼이 아침을 기다림보다 더 간절하다. 진실로 파수꾼이 아침을 기다림보다 더 간절하다"(시 130:6)라고 고백했습니다. 기다림의 열정이 더없이 애절하고 집중력 있는 수고의 행동임을 보여 줍니다. 소설가 이승우는 『고요한 읽기』에서 기다리는 사람을 움직이지 말라는 명령을 받은 사람에 비유했습니다. 그리고 움직이지 못하는 이 부동은 해야 하는 다른 많은 움직임과 그 질량이 같다고 하면서 이렇게 말했습니다. "그러니까 기다리는 일은 기다리느라고 그가 하지 않은/못한 모든 일과 등가이다. 기다리는 데는 힘이 많이 든다. 기다리는 데는 아주 많은 에너지가 필요하다." 저는 이처럼 간절한 기다림의 모범으로 누가복음에 나오는 시므온과 안나를 자주 생각합니다.

예루살렘에 시므온이라는 사람이 있었는데, 그 사람은 의롭고 경건한 사람이므로, 이스라엘이 받을 위로를 기다리고 있었고, 또 성령이 그에게 임하여 계셨다. (눅 2:25)

흑암과 공허와 혼돈의 시간을 깨치고 빛으로 오실 주님을 간절히 기다리던 시므온과 안나는 일평생 하나님의 위로를 기다리며 살았습니다. 막연하게 그리스도를 기다린 것이 아니라, 성전을 떠나지 않고 밤낮으로 기도하는 삶을 살았습니다. 기다리는 사람은 기다리는 대상을 만나기까지 그가 할 수 있는 모든 일을 할 것입니다. 파수꾼이 아침을 기다림보다 더한 간절함으로 주님을 기다리던 시므온과 안나는 생명이 사위어 가는 나이가 될 때까지 주님을 섬기는 삶을 살았습니다. 그리고 마침내 아기 예수를 알아보았습니다. 기다릴 뿐 아니라 기다리는 내내 계속해서 주님의 뜻을 주시하며 살아왔기에 가능했습니다. "주님, 이제 주님께서는 주님의 말씀을 따라, 이 종을 세상에서 평안히 떠나가게 해주십니다. 내 눈이 주님의 구원을 보았습니다"(눅 2:29-30). 마침내 기다림이 성취되는 시간을 맞이했습니다.

'기다리다'라는 동사와 함께 우리가 기다리는 아직 오지 않은 그날, 그곳을 생각합니다. 독일의 시인 프리드리히 휠덜린(Friedrich Hölderlin)이 「고향」이라는 시에서 노래한 것처럼 이제 곧 우리 모두 그곳에 도착할 것입니다. '기다리다'라는 신앙의 동사가 오늘 우리를 그 길을 향해 잘 가도록 이끌고 있는지 돌아봅니다.

내 물결의 유희를 바라다보던 시원한 시냇가,
미끄러져 가는 배들을 바라다보던 강가
그곳에 내 곧 가리니.

펴다

십자가 죽음을 앞두고 예수님이 나귀를 타고 예루살렘에 들어가실 때 수많은 사람이 겉옷과 종려나무를 길에 펴고 소리를 높여, “호산나! 주님의 이름으로 오시는 이에게 복이 있기를! 이스라엘의 왕에게 복이 있기를!”(요 12:13) 하고 외쳤습니다. 지난 종려주일 예배 시간에 제가 출석하는 교회 목사님이 이 본문을 설교하시면서 “모두가 ‘왕’이라는 명사에만 집중하고 왕이 가져다 줄 권력의 달콤한 열매를 얻기 위해 숨 가쁘게 움직일 때, 예수님은 마지막에 행하실 ‘다 이루었다’라는 동사를 향해 묵묵히 자기 길을 가셨다”고 했습니다. 다시 한번 예수님을 따르는 길이 예수님의 움직씨를 따라 걷는 길임을 확인하게 되었습니다.

국립국어원의 사전 통계를 보면 한국어 명사는 565,052개로 전체의 75퍼센트를 차지하고, 동사는 106,756개로 14퍼센트 정도임을 알 수 있습니다. 하지만 한국어에서 동사는 음식으로 치면 육수나 양념에 해당한다고 한 『동사의 맛』 저자 김정선 선생의 말처럼, 동사를 쓰지 않으면 한국어 문장을 제대로 살릴 수 없습니다. 명사가 아무리 많더라도 동사가 따라붙지 않으면 명사는 유명무실한 존재가 되고 마는 것입니다. 우리의 인생여정에서도 이름씨(명사)를 실어 나르는 움직씨(동사)의 유익을 생각하며, 오늘은 '펴다 혹은 펼치다'라는 행동을 그려 보고 싶습니다.

손을 펴다

주 당신들의 하나님이 당신들에게 주시는 땅의 어느 한 성읍 가운데에 가난한 동족이 살고 있거든, 당신들은 그를 인색한 마음으로 대하지 마십시오. 그 가난한 동족에게 베풀지 않으려고 당신들의 손을 움켜 쥐지 마십시오. 반드시 당신들의 손을 그에게 펴서, 그가 필요한 만큼 넉넉하게 꾸어 주십시오. (신 15:7-8)

구약성경 신명기에서 모세가 이스라엘 백성에게 빚을 면제해 주는 규례를 설명하는 내용입니다. 하나님의 백성이 하나님이 선물로 주신 땅에서 하나님의 법도에 따라 살아야 함을 가르치면서, 집 주인은 자기에게 온 가난한 사람을 향해 반드시 손을 펴서 쓸 것을 주어야 한다는 말씀입니다. 지금 우리 곁에 와서 잠시 머물 곳과 먹을 것을 찾는 사람이 있다면 손을 활짝 펴서 그의 빈손을 채워 주어야 합니다. 우리가 손을 펴서 다른 사람의 필요를 채우는 움직임에는 먼저 그 필요를 볼 줄 아는 착한 눈과 기꺼이 내 것을 나눌 수 있는 부드러운 마음이 함께 움직일 것입니다. 손을 펴는 몸의 언어가 마음과 눈의 움직임을 따라 같이 움직이는 모습입니다.

우리가 손을 펴서 힘써 일한 것으로 약한 사람을 돕는 것이 하나님의 자녀로서 당연한 삶의 모습입니다. 언제나 "주는 것이 받는 것보다 더 복이 있다"(행 20:35)고 하신 주님의 말씀을 명심하고 살아야 합니다. 하지만 일정한 수입이 있는 시기보다 그렇지 않은 노년의 때가 길어지는 시기에는 선뜻 손을 펴서 베푸는 일이 쉽지 않을 수 있습니다. 저 또한 지금처럼 사람들을 초대하고 나누고 함께하는 일을 이후에도 자주 할 수 있을지 생각해 봅니다. 오히려 지금보다 많이 나누는 삶이기를 꿈꾸고 바라지만 그러지 못할 수도 있으니 조심스럽습니다. 저도 잘할 수 있을지 모르는 일을 괜히 멋있는 말 같아서 부추기는 것은 아닌지 조심스럽지만, '펴다'라는 움직씨가 여러 모양으로 펼쳐지기에 스스로의 다짐을 위해서도 다시 마음을 가다듬고 생각을 나눠 봅니다.

펴고 싶지 않다기

사노 요코가 쓰고 그린 『아저씨 우산』이라는 그림책에, 까맣고 가늘고 반짝반짝 빛나는 지팡이 같은 멋진 우산을 갖고 있는 아저씨가 나옵니다. 아저씨는 외출할 때마다 우산을 들고 집을 나섭니다. 멋진 우산과 함께하면 자신도 멋진 신사처럼 보이는 것 같아 우쭐해집니다. 우리에게도 아저씨의 우산처럼 우리 마음을 자랑스럽고 뿌듯하게 하는 뭔가가 한두 개씩은 있을 겁니다. 예컨대 공부를 많이 했다든지, 재산이 많다든지, 특별한 기술과 재능이 있다든지…. 생각만 해도 기분이 좋아지는 자랑거리들입니다.

아저씨는 우산을 너무 사랑해서 비가 부슬부슬 내릴 때도 그냥 비에 젖은 채 걸었습니다. 우산이 젖기 때문이죠. 빗발이 굵어지면 비가 그칠 때까지 기다렸고, 길을 서두를 때는 우산을 껴안고 뛰어갔습니다. 우산이 젖기 때문입니다. 비가 그치지 않으면 실례를 무릅쓰고 낯선 사람의 우산 속으로 들어가기도 했습니다. 우산이 젖지 않게 하기 위해서죠. 비가 심하게 내리는 날에는 아예 아무 데도 가지 않았습니다. 우산이 젖기 때문입니다. 거듭 "우산이 젖기 때문"이라는 말과 함께 아저씨는 자신의 소중한 우산이 조금이라도 훼손되지 않도록 노심초사 우산만 지키고 있습니다. 아저씨의 우산은 항상 아저씨 곁에 있었지만 한 번도 펴지지 않은 채 아저씨의 완고한 시선 안에 반듯하게 접혀 있었습니다. 접힌 우산은 자기 안으로만 오그라들어 정작 자신에게 필요한 것이 무엇인지도 모르고, 곁에 있는 이웃의 필요에도 둔감한 마음을 보여 주는 것 같습니다. 조지 휫필드의 일기에 나오는 "나는 녹슬어 없어지기보다 닳아 없어지기를 원합니다"라는 한 문장이 생각납니다. 아저씨의 접힌 우산은 이대로 가면 한때 반짝이던 우산살들이 다 녹슬어 골치 아픈 쓰레기가 될 것입니다.

펼쳐야 듣는 소리

갑자기 비가 내리는 어느 날, 공원 벤치에 앉아 우산에 손을 얹고 있는 아저씨에게 조그만 남자아이가 다가와 우산 좀 씌워달라고 부탁했습니다. 하지만 아저씨는 못 들은 척하며 곤란한 일을 겪고 있는 작은 아이에게서 고개를 돌렸습니다. 그때 그 남자아이의 친구인 조그만 여자아이가 우산이 없으면 같이 쓰고 가자며 다가왔습니다. 조그만 아이들의 조그만 손 펼침이 커다란 아저씨의 완고한 손등과 대조되어 나타났습니다. 우산을 같이 쓴 두 아이가 큰 소리로 노래를 부르며 빗속을 걸어갔습니다.

비가 내리면 또롱 또롱 또로롱

비가 내리면 참방 참방 참–방

아저씨 귀에 아이들이 부르는 노랫소리가 사라지지 않으면서, 아저씨도 덩달아 소리 내어 아이들의 노래를 따라 중얼거렸습니다. “정말 그럴까.” 그 맑고 경쾌한 소리의 실체가 궁금해진 아저씨는 마침내 우산을 활짝 펼쳤습니다. 펼친 우산에 빗방울이 떨어지면서 “또롱 또롱 또로롱” 하고 소리가 났습니다. “정말, 정말이네.” 한 번도 펼쳐 보지 않아서 한 번도 들어 보지 못했던 명랑한 빗방울 소리를 확인하며 아저씨는 행복했습니다. “남에게 나누어 주는데도 더욱 부유해지는 사람이 있는가 하면, 마땅히 쓸 것까지 아끼는데도 가난해지는 사람이 있다”(잠 11:24)는 잠언의 지혜처럼, 과도히 자기 소유에 집착하는 마음에는 명랑이 깃들기 쉽지 않습니다. 아끼고 아껴 혼자 즐기던 것을 마침내 활짝 폈을 때 사방으로 명랑이 펼쳐집니다.

독수리가 그 날개를 펴듯

신명기를 보면 하나님이 "마치 독수리가 그 보금자리를 뒤흔들고 새끼들 위에서 퍼덕이며, 날개를 펴서 새끼들을 받아 그 날개 위에 업어 나르듯이"(신 32:11), 자기 백성을 인도해 주신다고 했습니다. 성경의 처음 시작인 창세기 1:2에 기록된 "하나님의 영이 수면 위에 운행하시니라"(개역개정)의 '운행하다'라는 표현도, 독수리가 날개를 펴서 새끼 위에 너풀거리는 것과 같은 뜻이라고 합니다. 하나님의 최초 움직임이 그 날개를 활짝 펴서 자기 백성을 돌보시는 장면이었던 것입니다. 하나님의 자녀인 우리가 제때 먹고 입고 살아갈 수 있도록 하나님이 지금도 은혜의 날개를 펴서 우리를 살뜰히 양육하고 계십니다. 룻기에서 보아스는 그 은혜를 입어 살고 있었기에 "하나님의 날개 밑으로 보호를 받으러"(룻 2:12) 온 룻에게 자신이 하나님의 날개가 되어 은혜의 손을 펴 주었습니다. 가난한 외국인 근로자 룻에게 겉옷을 펴서 잡게 하고 그 위에 보리를 부어 주었습니다. 룻의 남루한 겉옷에 보아스가 주는 곡식이 좌르르 쏟아지는 소리, 룻이 다시 그 곡식을 홀로 계신 시어머니 앞에서 좌르르 쏟아내는 소리가 메마른 땅에 내리는 빗소리처럼 명랑했으리라 짐작됩니다. 손을 펴서 전해진 선물을 받고 다시 그 손을 펴서 선물을 나누는 선순환이 하나님의 자녀들에게 일상이 되었으면 하는 바람입니다.

'펴다'라는 움직씨는 내게 있는 소유로 누군가를 돕고 섬기는 일에 쓰이지만, 내게 도움이 필요해서 도와달라고 손을 펼 때도 사용됩니다. 완고한 마음은 내게 있는 것을 주지 않으려고 움켜쥐는 손으로도 나타나지만, 누구에게도 도움을 받지 않겠다고 주먹을 불끈 쥐는 고집스러운 손으로도 나타날 수 있습니다. 그러므로 은혜의 순환에는 손을 펴서 돕는 움직임과 손을 펴서 도움을 받는 움직임이 함께 필요합니다. 『어린이를 위한 신앙낱말사전』이라는 책에서 제가 마음을 기울여 쓴 낱말 풀이가 있습니다. '겸손'이라는 낱말인데, "겸손은 도와달라고 부탁하는 손이고, 또한 도와주셨다고 손을 내미는 것"이라고 했습니다. 다른 말로 표현하면 '부드러운 마음'입니다. 완악한 마음은 도와주지도 않고 도움을 받지도 않기에 손을 움켜쥘 수밖에 없습니다.

손을 펴서 도와달라고 하는 동사는 성경에서 "성전을 향하여 손을 펴고 무슨 기도나 간구를 하거든", "무릎을 꿇고 하늘을 향하여 손을 펴고", "주를 향하여 손을 펴고"와 같이 기도할 때 많이 사용됩니다. 두 손을 부여잡고 기도하는 동작에서는 뭔가 내가 원하는 욕망의 간절함이 표현되는 반면에, 두 손을 펴서 도움을 바라는 동작은 도움을 주는 대상에게 자신을 완전히 내어 맡기는 가난함이 표현되어 있다는 생각이 들었습니다. 손을 펴서 나의 빈손을 채우시는 은혜를 기다리다가 채워진 손을 다시 펴서 누군가의 빈손을 향해 기울이는 두 손을 그리며, 빈센트 밀레이(Vincent Millay)의 「활짝 편 손으로 사랑을」이라는 시의 뒷부분을 소개합니다.

활짝 핀 손에 담긴 사랑, 그것밖에 없습니다.

보석 장식이 없고, 숨기지도 않고, 상처 주지 않는 사랑,

누군가 모자 가득 앵초 풀꽃을 담아 당신에게 불쑥 내밀듯이,

아니면 치마 가득 사과를 담아 주듯이,

나는 당신에게 그런 사랑을 드립니다.

아이처럼 외치면서,

"내가 무얼 갖고 있나 좀 보세요! 이게 다 당신 거예요!"

울다

"맨 처음으로 내가 너에게 준 것이 무엇이냐" 이렇게 어머니께서 물으시며는 "맨 처음으로 어머니께 받은 것은 사랑이었지요마는 그것은 눈물이더이다" 하겠나이다.
다른 것도 많지요마는…
"맨 처음으로 네가 나에게 한 말이 무엇이냐" 이렇게 어머니께서 물으시며는 "맨 처음으로 어머니께 드린 말씀은 젖 주서요 하는 그 소리였지마는, 그것은 으아-하는 울음이었나이다" 하겠나이다.
다른 말씀도 많지요마는…

어머니께 맨 처음 받은 것도, 어머니께 맨 처음 드린 것도 눈물과 울음이었다는 홍사용 시인의 「나는 왕이로소이다」를 다시 읽으며, 모든 인생이 눈물을 받고 울음을 주면서 시작되었구나 하는 생각이 들었습니다. 어머니의 긴 눈물 끝과 아기의 첫 울음이 만나는 순간이 새로운 생명의 신비가 열리는 지점이 된 것입니다. 생일 다음이 바로 울음이었던 거죠. 그런데 그렇게 많이 울던 울음도 나이를 먹고 철이 들면서 점점 울음 삼키는 법으로 인해 잦아들다가, 지금은 맘 놓고 울어 본 적이 언제인지 기억도 나지 않을 만큼 우는 모습이 낯설기만 합니다.

누군가 "눈물이 사라진 어른들을 믿을 수 없다"고 말한 것처럼, 우리 사회가 서로 믿지 못하고 오해와 갈등이 깊어진 이유가 문득 우리 어른들이 더 이상 울지 않기 때문은 아닌지 돌아보게 됩니다. 내 생각을 벗어난 타인의 행동의 유다름에 노여워하기보다 내 사랑의 마음결이 가닿지 못하는 부족함에 더 깊이 마음을 구부려 눈물을 흘리는 간절함이 그리운 때입니다. 눈물을 흘리고 가슴을 치며 우는 것은 육체적 힘보다는 마음의 힘이 들어가야 하는 일이라, 웅숭깊은 어른들이 그 일을 감당해 줄 때 다음 세대가 자라는 토양이 비옥해질 거라고 생각합니다. 사람들은 보통 눈물 흘리고 우는 일이 몸이 무너지고 마음이 무너질 때라서 울면 몸에 좋지 않으니 삼가라고 충고합니다. 맞는 말일 수 있지만, 사람은 눈물을 흘리고 울음소리를 낼 때 비로소 마음이 열리고 길이 열리는 경험을 하게 되니, 다시 눈물의 힘을 믿을 수밖에 없습니다.

물 한 통 이고 가는 광야 길에서

'울다'라는 동사와 함께 떠오른 『코끼리 아저씨와 100개의 물방울』(노인경)이라는 그림책이 있습니다. 책의 표지를 열면 식구들의 하루 양식을 위해 혹은 공동체의 필요를 채우기 위해 애쓰는 존재들처럼 보이는 코끼리들이 저마다 머리에 물동이를 이고 있습니다. 그중에 한 코끼리 아저씨가 물방울이 가득 담긴 물동이를 머리에 이고 자전거 페달을 밟습니다. 그런데 사막 길 강렬한 태양 빛 아래 물동이의 물 몇 방울이 사라져 버리고 말았습니다. 다시 어두운 동굴을 지나면서 겁에 질려 조심조심 물방울을 건사하려 했지만 '휴~' 하고 안도의 한숨을 내쉬기도 전에 낭떠러지를 만났습니다. '으아 악~' 하며 소중한 물방울을 대부분 날려 버리고 가까스로 물방울 몇 개와 함께 목숨을 보전했습니다. 그런데 하필 선인장 밭에 떨어지는 바람에 선인장 가시가 엉덩이에 박히고 말았습니다. 엎친 데 덮친 격이고 설상가상인 셈입니다. 우리 삶에도 어려운 일이 생길 때 다른 어려운 일들이 꼬리에 꼬리를 무는 것처럼 한꺼번에 달려들 때가 있기에, 하루하루 근면과 성실로 살아감에도 오히려 더 고되고 가련하기만 한 우리 시대 어른들의 현실감 있는 모습입니다. 그럼에도 다시 일어서서 지친 몸과 마음을 추스르며 계속 이 길을 가야 합니다. 이 길에는 오랜 목마름으로 할딱거리며 우리를 기다리는 연약한 존재들이 있기 때문입니다.

코끼리 아저씨는 엉덩이에 박힌 가시를 빼내지 못한 채로 길을 가는데 눈앞에 개미집인지 벌집인지 모를 어떤 곳에 불이 난 현장이 보였습니다. 물방울을 거의 소진해 버렸지만, 위기를 만난 다른 존재들을 외면할 수 없어서 남은 물방울 몇 개를 나눠 주면서 급한 불을 꺼 주었습니다. 우리 주변에서 만나는 위기의 현장에서도 또 다른 위기에 처한 사람들이 위태롭게 공존하며 서로 돕는 모습을 보게 됩니다. 아파 봐서, 울어 봐서, 배고파 봐서 그 처지의 심정을 헤아리기 때문입니다. 세상은 우는 자들과 함께 울고, 없는 자들과 함께 없기를 주저하지 않는 손길들을 통해 조금씩 정화되는 것 같습니다. 그런데 겨우 위기를 수습하고 길을 떠나는 코끼리 아저씨는 엉덩이에 따라붙은 벌들 때문에 길을 서두르다가 다시 물방울 한 개를 떨어뜨리고 말았습니다. 겨우 숲길을 빠져나올 즈음엔 목마른 기린이 목을 빼고 물동이의 물을 가져갔습니다. 없는 살림에도 누군가를 도와 가며 조심조심 사는 길이 넉넉지도 녹록지도 않습니다. 안타깝게도 물동이의 물방울이 거의 다 없어지고 정말 몇 개밖에 남지 않았는데 그마저도 날아가는 새들이 물고 가 버렸습니다. 바닥이 났습니다. 애써 달려왔지만 단 한 개의 물방울도 남지 않았습니다. 말 그대로 완전히 바닥이 났습니다. 완벽하게 잿빛 세상이 되었습니다. 내 존재의 무사함을 지켜 오느라, 다른 존재의 무사함을 살피느라 힘쓰고 애써 온 길이 이처럼 허무한 끝을 볼 때가 있습니다. 하지만 "대개 절창이란 자신을 절단 낸 뒤에야 오는 것이라고" 한 「바다

시인의 고백」처럼 완벽하게 바닥난 순간에 새롭게 태어나는 이야기가 있습니다.

눈물, 눈물과 만나 '살림'이 되다

텅 빈 물동이에 코를 들이밀고 물을 찾던 코끼리 아저씨의 눈에 눈물이 고이고, 주르륵 눈물이 흘렀습니다. 그때 잿빛 하늘에서도 눈물 한 줄기가 내려오고, 한 줄기 두 줄기 내려오던 눈물이 세찬 빗줄기로 쏟아졌습니다. 코끼리 아저씨의 빈 물동이에 툭툭 떨어지는 빗방울이 마침내 폭포수처럼 쏟아지며 차고 넘쳐흘렀습니다. 아마도 어느 눈 맑은 독자들 눈에도 같은 눈물이 흐르지 않았을까 싶습니다. 다윗은 시편에서 "나의 방황을 주님께서 헤아리시고, 내가 흘린 눈물을 주님의 가죽부대에 담아 두십시오. 이 사정이 주님의 책에 기록되어 있지 않습니까?"(시 56:8)라고 고백했습니다. 시인의 지나온 날들이 얼마나 고달프고 울음 가득한 삶이었는지 충분히 상상할 수 있는 기도입니다. 우리는 보통 차고 넘치는 은혜의 순간을 매일매일 늘이고 싶은 마음에, 그 전에 흘려야 했던 땀과 눈물의 시간은 지워 버리고 싶어 합니다. 우리는 '내 잔이 넘치도록 은혜를 부어 달라'는 시인의 기도는 좋아하지만, 그 전에 잡히고, 쫓기고, 도망치고, 아프고, 조롱당하고, 울고불고했던 그의 고통스런 시간은 모른 척하고 싶어 합니다. 하지만 먼저 눈물이 있었습니다. 그 눈물을 보시고, 주께서 눈물로 마중을 나오셨습니다.

마침내 물방울이 가득 찬 물동이를 새끼들에게 건네는 코끼리 아저씨의 행복한 얼굴이 보입니다. 우리의 눈물에 마중 나오신 하늘의 눈물이 갈증으로 목마른 이들을 살리실 뿐 아니라, 피조 세계의 갈함도 흡족히 채워 주십니다. 바울은 로마서 8장에서 피조물이 다함께 신음하며 함께 고통을 겪으면서 하나님의 자녀들이 나타나기를 간절히 기다린다고 했습니다. 우리의 눈물과 함께 마침내 살아나게 될 피조 세계의 춤사위를 상상하며 지금은 울어야 할 때임을 깨닫습니다. 복음서의 예수님은 십자가를 지고 가는 길에서 가슴을 치며 슬피 우는 여자들에게 "예루살렘의 딸들아, 나를 두고 울지 말고, 너희와 너희 자녀를 두고 울어라"(눅 23:28) 하고 부탁하셨습니다. 지금은 우리와 우리 자녀들을 위해, 이 피조 세계의 아픔을 위해 함께 울며 기도할 때라고 다시 알려주십니다. '울다'라는 동사의 흐름이 우리의 연약해진 몸을 타고 흘러가면서 우리 곁의 메마른 존재들이 다시 살게 되기를 소원해 봅니다.

"어떻게 노래를 시작하게 됐나요?" "시작이라… 울음. 그래요, 울음과 함께 시작됐죠?"라고 인터뷰한 자메이카 가수 밥 말리(Bob Marley)의 기사를 접한 적이 있습니다. 고통받는 세상에서 음악으로 평화를 말하고 싶었던 전설적인 가수의 노래는 다름 아닌 울음에서 시작되었다는 내용이었습니다. 지금은 모든 피조 세계가 창조주의 뜻을 벗어난 길에서 함께 고통을 받고 있습니다. 처음 사람이었던 아담이 하나님께 죄를 짓고 숨어 있을 때, "네가 어디에 있느냐?"라고 외친 하나님의 음성은 새끼를 잃어버린 짐승의 울부짖는 소리와 같다고 합니다. 창조주와의 관계가 단절되고, 이웃과의 소통도 단절되고, 자신과의 관계도 단절된 이 시대를 위한 울음이 필요한 시간에 도르테 죌레(Dorthe Solle)의 기도를 다시 묵상합니다.

주님, 저에게 눈물의 은사를 주십시오.
저에게 언어의 은사를 주십시오.

웃다

늙고 쭈그러져, 다음 우주정거장이 가까워오면
아기들한테 턱수염 잡히고 지팡이 뺏겨도
합죽합죽 매화꽃이 피지.
봄은 말이다,
늙은이들 입가에서 시작되는 거.
논틀밭틀 같은 주름골에서 터지는 겨.

이정록 시인이 늙으신 어머니의 말들을 받아 적으며 시로 썼다는 『어머니 학교』에 수록된 「나이」의 일부입니다. 소리 내어 읽다 보면 절로 입꼬리가 올라갑니다. 시가 재미있어서 입말이 웃겨서 웃음이 나오기도 하지만, 무엇보다 일생을 바쳐서 평화를 일구어 온 어느 주름진 삶이 그려 주는 미소가 보이기 때문입니다. 이 시집에 실린 대부분의 시가 나이든 어머니의 실제 경험에서 우러나오는 눈물과 웃음을 보여 주는데, 「소설」이라는 시도 그렇습니다. “너무 힘들어서 / 물가에 고무신 벗어놓고 / 멍하니 들여다보고 있는데, 눈물이 마르면서 / 고무신 안쪽에 / 자동차 바퀴가 보이더구나. / 그 검정고무신이 타이아표였거든. / 바퀴 안에 진짜라고 써 있더구나. / 애들 놔두고 진짜 죽으려고? / 그래 얼른 신발을 다시 꿰찼지. / 저수지 둑을 벗어나 집으로 오는데, / 신발 속에서 진짜, 진짜, 울먹이는 소리가 / 종아리를 타고 올라오더구나. / 진짜 애들한테 떳떳한 어미가 돼야지, 맘먹고는 / 이날까지 왔다. 글자 하나가 사람을 살린 거여. / 넌 글 쓰는 사람이니께 가슴에 잘 새겨둬라. / 내 말을 믿으면 진짜 글쟁이고 / 안 믿으면 그 흔해빠진 똑똑한 아들만 되는 거고, / 근데, 어미가 니들 놔두고 진짜 죽을 생각을 했겄냐? / 이런 거짓부렁을 소설이라고 하는 겨.” 이 시를 읽고, 시의 끄트머리에 눈물 한 방울과 스마일 표시를 그려 놓았을 만큼 뭔가 찡하게 반가웠습니다. 마치 제 어머니에게 직접 듣는 말 같았고, 제가 알고 있는 모든 어머니의 말이 함께 움직이며 다가오는 것 같았고, 많이 모자란 글을 쓰고 있지만 어떤 글을 써야 하는지 정신이 번쩍 들게 하는 힘이 느껴져서입니다. ‘인생을 잘 살아온 어른들’의 말과 글에선 사람의 마음에 공명을 일으키는 눈물과 웃음의 힘이 있습니다. 이런 분들의 얼굴에 흐르는 은근한 미소는 주변 사람들의 마음을 평화롭게 만들어 줍니다.

언젠가 친하게 지내는 일곱 살 아이와 함께 엘리베이터를 탔는데, 그 안에 있던 다른 아이를 보고 제가 환히 웃자 그 아이가 물었습니다. “왜 어른들은 아이만 보면 그렇게 웃어요?” 그 말에 엘리베이터 안에 있던 모든 사람이 함께 웃었고 순간 엘리베이터 안이 화사한 미소로 가득했습니다. 그때 저는 “아이들에겐 사람을 행복하게 하는 웃음 바이러스가 있거든. 너도 그렇고”라고 대답했지만, 문득 어른들의 작은 웃음 하나가 앞으로 이 아이가 살아가는 길에 하나의 디딤이 될 수 있겠다고 생각했습니다.

웃음을 사 오다

누군가 요즘 노인들의 얼굴은 ‘내가 경험이 많아 다 안다’는 표정과 ‘나이 들어 창피하다’는 표정이 오묘하게 섞여 있어서 심각하게 경직되어 있다고 말했습니다. 영화 평론가 이동진 작가는 한 방송에서 노년의 삶에 꼭 필요한 세 가지로 ‘호기심, 유머, 품위’를 꼽았는데, ‘웃다’라는 동사를 생각하며 어느 주름진 마음이 곱게 펴졌으면 하는 바람입니다.

웃는 순간을 생각할 때마다 떠오르는 얼굴의 동화작가 권정생 선생이 쓴 『훨훨 간다』라는 그림책이 있습니다. 표지에서부터 마지막 장까지 하하 호호 웃음이 생동감 있게 그려져 있습니다. 어느 산골 외딴집에 살고 있는 할머니와 할아버지 이야기입니다. 밭에서 일하는 할아버지가 집으로 돌아오면 할머니는 할아버지에게 재미있는 이야기를 해 달라고 졸랐습니다. 하지만 할아버지는 무슨 이야기를 해야 할지 몰라 늘 난처했습니다. 해맑은 할머니는 이야깃거리가 없으면 이야기를 사서라도 들려주길 소원하면서, 할아버지에게 그동안 정성껏 짜 두었던 무명 한 필을 이야기 한 자리하고 바꿔 오라고 부탁했습니다. 할머니를 사랑하는 할아버지는 그 무명 한 필을 어깨에 메고 가서 장터에 펼쳐놓고 손님을 기다렸지만, 저녁때가 되도록 이야기 한 자리를 살 수 없었습니다. 할아버지는 할머니에게 좋은 이야기 한 자리를 가지고 가지 못한 것을 걱정하면서 다시 무명을 싸 들고 집으로 향했습니다.

할아버지는 집으로 가는 길에 무명을 사겠다고 나선 빨간코 농부 아저씨와 마주 앉았습니다. 사실 이 아저씨는 그럴듯한 이야기 한 자리도 없이 순진한 할아버지를 속여 무명을 얻으려는 속셈이었습니다. 그런데 마침 건너편 논에 커다란 황새 한 마리가 훨훨 날아와 앉자, 아저씨는 무릎을 치면서 "훨훨 온다"라고 말했고, 할아버지도 덩달아 "훨훨 온다" 하고 따라 말했습니다. 재미있는 이야기를 잊지 않고 할머니에게 생생하게 들려줘야 했기 때문입니다. 이어서 황새가 논바닥을 걷는 모습을 보고 빨간코 아저씨가 "성큼성큼 걷는다" 하면 할아버지도 "성큼성큼 걷는다" 하고 따라 외웠습니다. 아저씨는 황새의 동작을 따라 눈에 보이는 대로 "기웃기웃 살핀다" "콕 집어 먹는다" 말했고, 갑자기 손뼉을 치면서 "예끼 이놈!"이라고 했습니다. 그때마다 할아버지는 아저씨를 따라 그대로 말했습니다. 마침내 황새가 훨훨 날아올라 멀리 달아나자, 빨간코 아저씨도 "훨훨 간다"라고 하면서 이

제 이야기 끝이라고 했습니다. 할아버지는 너무 기뻐서 빨간코 아저씨한테 흔쾌히 무명을 건네주고 서둘러 집으로 왔습니다.

하루 종일 할아버지를 기다리던 할머니에게 할아버지는 자신감 있는 웃음과 함께 무명을 주고 사온 이야기를 들려주기 시작했습니다. 그때 마침 도둑이 할아버지네 집 담을 넘어 들어오고 있었습니다. 도둑은 할아버지가 "훨훨 온다" 하면 할머니가 그대로 따라 "훨훨 온다" 하고 말하는 소리에 깜짝 놀라 부엌으로 성큼성큼 숨어 들어갔습니다. 그런데 다시 할아버지가 "성큼성큼 걷는다" 하고, 할머니가 할아버지의 말을 그대로 따라 하니 도둑의 간담이 서늘해졌습니다. 도둑의 행동을 할아버지가 눈에 환히 보는 것처럼 말하고, 할아버지에게 장단을 맞추어 말하는 할머니의 "예끼 이놈!" 소리에 결국 도둑이 달아났습니다. 할아버지와 할머니는 밖에서 일어난 상황을 전혀 알지 못한 채 이야기에 빠져 "훨훨 간다"라고 외치며 하하하하 호호호호 웃었습니다.

사람이 웃으면 악마는 제 힘을 잃는다

이야기가 뭐라고, 그것도 제대로 된 이야기도 아닌 그냥 눈에 보이는 대로 말한 짧은 이야기 한 자락에, 긴 시간 정성 들여 짠 무명을 팔아 버린 할아버지와 할머니를 누군가는 어리석은 노인들이라고 비웃을 수 있습니다. 그런데 저는 이 이야기에서 "천국은 마치 좋은 진주를 구하는 장사와 같으니 극히 값진 진주 하나를 발견하매 가서 자기의 소유를 다 팔아 그 진주를 사느니라"(마 13:45-46, 개역개정)라고 하신 예수님의 비유가 생각났습니다. 죄와 사망의 음침한 골짜기에서 허덕이던 우리를 선한 목자의 지팡이로 건져 올리시고, 기어코 의와 평강과 희락으로 살아가게 하신 그 이야기 속에 들어가기 위해 우리는 우리의 모든 소유를 즐거이 허비할 수 있습니다.

권정생 선생이 그린 천국은 이처럼 유머로 가득한 노인들이 하나님 나라 이야기 한 자락만으로도 배부르게 웃을 수 있는 곳 같습니다. 그 이야기에는 조금 헐벗고 굶주려도 괜찮다는 위로가 넉넉히 담겨 있는 것 같아 행복합니다. 또한 웃을 만한 일이 있어서 웃는 것이 아니라 웃고 보니 웃음이 생기는 이야기를 대하며, 지금 노인들의 삶을 우울하고 쓸쓸하게 만드는 우리 사회의 어두운 그늘 속에서 우리가 빼앗기지 말아야 할 것이 무엇인지 다시 생각하게 됩니다. 무엇보다 이야기가 없으면 어떻게 해서라도 이야기를 사 오고, 그 이야기에 사로잡혀서 말도 안 되는 것 같은 이야기가 실제 말이 되는 사건으로 벌어지는 장면에선, 우리 삶에서 구현되는 복음의 서사를 즐거움으로 기대하게 됩니다. 의와 평강과 희락이 있는 하나님 나라를 품고 이야기하며 살아 내는 동안은, 그 이야기의 힘이 우리 밖에서 수시로 우리를 위협해 오는 악한 세력들을 우리도 모르는 사이에 궤멸시키고 있다는 사실을 신뢰할 수 있기 때문입니다.

웃음 짓는 자리에

『팀탈러, 팔아버린 웃음』(제임스 크뤼스)이라는 소설이 있습니다다. 악마에게 웃음을 팔았다가 잘못을 깨닫고 그 웃음을 되찾는 가난한 소년의 여정이 담긴 이야기입니다. 사람들을 즐겁고 행복하게 만드는 웃음을 지닌 순수한 소년 팀탈러에게, 어느 날 '마악'이라는 남삭이 찾아와 모든 내기에서 이길 수 있는 능력을 줄 테니 웃음을 팔라고 했습니다. 소년은 웃음을 팔고 얻은 능력으로 많은 돈을 벌었지만, 웃어야 할 때 웃을 수 없는 괴로움과 웃음을 잃어버린 삶의 비참을 깨닫고, 웃음을 되찾기 위한 험난한 여정 끝에 마침내 양 입가에 둥근 주름을 잡으며 웃을 수 있었습니다. 이 소설 속 하자는 마침내 웃게 된 소년을 향해 '사람이 웃으면 악마는 제 힘을 잃는다'고 하면서 악마는 바로 그렇게 다뤄야 한다는 말을 전해 주었습니다. 사람의 웃음이 악마의 뿔을 납작하게 할 수 있는 힘이라는 것입니다. 이 소설에서 소년의 웃음을 빼앗은 남작의 이름이 '마악'이었는데, 거꾸로 뒤집으면 '악마'와 같습니다. 즉, 날마다 끊임없이 우리를 유혹하며 웃음을 팔아 버리게 만드는 악마의 힘을 느끼게 해주는 이야기입니다. 우리가 어떤 상황에서라도 웃을 수 있다면, 아니 웃고 있다면, 우리의 웃음 짓는 자리에 악마의 자리는 한 뼘도 없을 것입니다.

저는 중학교 다닐 때까지 할머니 손에서 자랐습니다. 할머니는 언제나 무해한 웃음과 재치로 사람들을 행복하게 해 주셨습니다. 할머니를 생각하면 치아가 몇 개밖에 없는 입을 크게 벌리고 웃으실 때마다 깊은 주름으로 눈이 딱 붙어 버리는 얼굴이 떠오릅니다. 그때마나 할머니 눈은 제 손으로 아무리 떼려 해도 뗄 수 없는 지경이 되곤 했습니다. '아이고, 할머니 웃다 죽었다' 하시고 웃으신 채로 누워 계시면, 저는 할머니의 붙은 눈을 억지로 떼면서 죽지 말라고 소리쳐 울었고, 할머니는 저의 그런 모습이 재미있으셨던지 자주 웃다 죽는 장난을 치셨습니다. 지금도 할머니를 생각하면 그토록 환한 웃음과 잘 때마다 손을 올리고 만지고 놀았던 얼굴의 주름살이 느껴집니다. '웃다 죽다'라는 동사가 어느 날 누군가에게 보여 줄지 모를 저의 마지막이었으면 하는 바람을 가져 봅니다. 저는 할머니에게서 잘 웃을 줄 아는 마음은 자신을 비우는 겸손한 삶에서 비롯되는 것임을 배웠습니다. 금방이라도 부서질 것처럼 연약한 몸이 자아내는 환한 웃음이 이렇게 오래도록 단단하게 살아 있으리라곤 미처 생각하지 못했습니다.

웃다, 겸손한 자만이

고대 로마인들에게 '유머'(humor)는 '후무스'(humus, 흙)에서 나온 말이며, 유머의 전제 조건은 '후밀리타스'(humilitas, 겸손)라고 합니다. 흙에서 시작된 인생이 자신의 어둡고 연약한 면을 인정하고 받아들일 때 마음의 평강을 얻게 되고, 그 평화가 우리를 웃게 할 수 있다는 것입니다. 안셀름 그륀은 『위안이 된다는 것』에서 "유머는 내가 모든 이를 즐겁게 해주어야 한다는 뜻이 아닙니다. 유머는 내가 나를 다정하게 받아들이고, 나의 인간적 약함에 대해 호탕하게 웃을 수 있음을 의미합니다. 내가 나의 약한 면들에 웃을 수 있는 까닭은, 그것들이 나를 사람들 가운데 있게 하고 땅에 발을 딛게 해 주기 때문입니다"라고 했습니다. 웃어야 할 때 웃지 못할 만큼 심각한 마음이 우리를 지배하지 않았으면 하는 바람입니다. 그런 마음은 이미 자기 자신으로 가득 차 있는 오만함에 웃음이 드나들 수 있는 틈을 막아 버린 것과 같습니다.

체스터턴(G. K. Chesterton)은 『정통』에서 영성의 본질은 부드러움과 가벼움과 경쾌함에 있다고 했습니다. 그는 자만심이 모든 것을 아래로 끌어내려 장중함에 이르게 해서 자기를 중시하는 쪽으로 '가라앉게' 한다고 했습니다. 하지만 자기를 잊어버리는 쾌활한 쪽으로 올라와야 한다면서 자기를 심각하게 여기는 것은 미덕이 아니라고 했습니다. 그리고 "엄숙함은 인간에게서 자연스럽게 흘러나오는 것이지만, 웃음은 일종의 도약이기 때문이다. 무거워지는 것은 쉽고 가벼워지는 것은 어렵다. 사탄은 중력에 의해 떨어졌다"고 하면서 경쾌하게 웃을 수 있는 영성의 신비를 말해 주었습니다.

시인 다윗은 원수들이 보는 앞에서 잔칫상을 베풀어 주시는 하나님의 친절한 사랑 때문에 환히 웃었습니다(시 23:5). 끈질기게 추격해 오는 원수들에게 시달리는 가운데서도 풍성한 식탁으로 환대해 주시는 주님의 사랑에 안겨 웃는 의인 앞에서, 악은 힘없이 소멸하고 말았습니다. 우리 인생의 끝에서도 평생 우리를 추격해 온 주님의 선하심과 인자하심으로 원수들 앞에서 환히 웃는 우리의 얼굴을 보게 될 것입니다. 우리가 웃을 때 악마는 제힘을 잃는다는 말을 다시 기억하면서, '웃다'라는 동사가 우리 얼굴에 좋은 주름으로 새겨졌으면 하는 바람입니다. 마침내 우리의 모든 여정을 마치고 주 앞에 서는 날 우리의 고백이 시편 기자의 노래와 같았으면 좋겠습니다.

그 때에 우리의 입은 웃음으로 가득 찼고,

우리의 혀는 찬양의 함성으로 가득 찼다. (시 126:2a)

그리워하다

내 영혼이 주님의 궁전 뜰을 그리워하고 사모합니다.

내 마음도 이 몸도, 살아 계신 하나님께 기쁨의 노래 부릅니다.

만군의 주님, 나의 왕, 나의 하나님,

참새도 주님의 제단 곁에서 제 집을 짓고,

제비도 새끼 칠 보금자리를 얻습니다.

주님의 집에 사는 사람들은 복됩니다.

그들은 영원토록 주님을 찬양합니다. (셀라)

주님께서 주시는 힘을 얻고, 마음이 이미

시온의 순례길에 오른 사람들은 복이 있습니다. (시 84:2-5)

시인은 지금 예루살렘 성전과 멀리 떨어진 곳에서 하나님의 집을 그리워하며 하나님께 가까이 나아가기를 갈망하고 있습니다. 어쩌면 바벨론에서 포로민으로 살아가며 한순간이라도 그 집에 거할 수 있다면 다른 곳에서의 천 날보다 행복할 거라고 고백하고 있습니다. 시인의 마음은 그가 그리워하는 대상인 '집', '하나님의 집'에 사무쳐서 몸까지 쇠약해질 정도입니다. 그리움이 깊으면 병이 된다는 말처럼 무엇을 그리워하는 일은 우리에게 안으로든 밖으로든 어떤 동력을 일으키는 바탕이 되는 것 같습니다. 황해도가 고향인 제 부모님은 고향 집에 대한 그리움으로 복숭아 과수원을 가꾸시면서, 해마다 봄이 되면 복사꽃으로 환한 고향 집 언덕을 그리워하셨습니다. 언젠가 갈 수 있을 거라는 기대와 그리움은 다시 한 날을 더 살아갈 힘이 되었습니다.

최승자 시인은 외로움·괴로움·그리움을 일컬어 "내 청춘의 트라이앵글"이라고 했는데, 노년의 시간을 보내고 있는 지금 자신의 시를 떠올린다면 혹시 '나이 듦의 트라이앵글'이라고 재정의하지 않을까 싶습니다. 젊을 때는 젊은 만큼 외로움과 괴로움과 그리움에 갇혀 어쩔 줄 모르고 방황했다면, 나이가 들면서 그렇게 켜켜이 쌓인 그리움으로 하루하루 살아가기 때문입니다. 어쩌면 그리움은 우리가 가장 나중까지 지니고 사는 언어이지 않을까 싶습니다. 그런데 '그리움'이라는 이름씨(명사)와 '그리워하다'라는 움직씨(동사)는 발음에 따라 느낌이 다른 것 같습니다. 두 낱말을 입말로 발음해 보면 '그리움'은 마음속에서 맴도는 듯하고, '그리워하다'는 보고 싶은 대상을 향해 그 시선을 조금 더 앞으로 내밀며 나아가는 듯 느껴집니다. 보고 싶은 마음, 그리워하는 마음이 뭔가를 향해 조금씩 움직이는 힘을 내게 하는 것 같습니다.

겹겹이 쌓인 시간들 위에서

할아버지가 바다에 쌓아 올린 낡은 집에서 홀로 살아가는 이야기가 그려진 『할아버지의 바닷속 집』(가토 구니오, 히라타 겐야)이라는 그림책이 있습니다. 할아버지의 집은 바닷물이 점점 차올라서 집들이 물속에 잠겨 버리는 마을에 있습니다. 할아버지는 집이 물에 잠기면 그 위에 또 집을 짓고, 그 집이 또 잠기면 그 위에 또 집을 지으면서 겹겹이 나무상자를 쌓아 올린 것 같은 집에서 외롭게 살고 있습니다. 어느 해 겨울 또다시 바닷물이 차올라서 다시 새 집을 짓던 할아버지는 바다에 빠뜨린 연장을 찾기 위해 바다 속으로 헤엄쳐 들어갔는데, 할머니와 살던 방에서 할머니가 돌아가시던 마지막 순간이 떠올랐습니다. 다시 한 칸 아래로 헤엄쳐 가 보니 거기선 손자들이 찾아와 함께했던 일이 하나 둘 떠올랐고, 또 한 칸 아래 집에선 딸의 결혼과 자녀들과 보냈던 추억이 되살아났습니다. 아래로 아래로 헤엄쳐 갈 때마다 어느 집에나 추억이 남아 있었고, 맨 아래 집까지 내려갔을 땐 할아버지의 눈앞에 어린 시절부터 할머니와 결혼하기까지의 행복한 시간들이 그려졌습니다.

할아버지의 시간은 처음 집 위에 새 집을 짓고, 또 그 위에 집을 짓고, 또 그 위에 집을 쌓아 올리는 동안 계속 흘러갔습니다. 신형철 평론가는 『인생의 역사』라는 평론집에서 이 그림책을 모티브로 한 단편 애니메이션 <작은 큐브로 만든>을 언급했습니다. "나이를 먹는다는 것은 아래쪽에서 위로 점점 물이 차오르는 일이며, 그렇게 한 단계를 넘어갈 때마다 지난 시간들은 수몰되는 집처럼 그 형태 그대로 가라앉는다…그런데 그 과정을 막을 수는 없고 다만 잠수하듯 상기해 볼 수만 있을 뿐"이라며 이 작품이 담고 있는 시간의 흐름에 대한 은유를 말했습니다. 해수면이 상승하듯 시간이 흐르고, 우리 삶은 수몰된 과거처럼 저 밑에 가라앉아 있지만, 그리워하는 마음으로 하나하나 추억하며 지금 주어진 나날들을 살아가는 일의 소중함을 말하고 있습니다. 할아버지는 지금 살고 있는 작은 집 아래로 층층이 쌓인 추억들을 그리워하며, 바다 위에 있는 집에서 살아갈 힘을 얻고 있었습니다. 그리워하는 시간들이 쌓여 '지금 여기'를 살아가는 공간을 버텨 주고 있는 셈입니다. 이에 대해 이어령 선생은 『거시기 머시기』라는 강연집에서 이렇게 말했습니다.

> 글은 암벽 같은 딱딱한 것을 긁는 것을 어원으로 합니다.
> 흔적을 남기는 것이죠.
> 긁다, 그리움, 그림 전부 글에서 나온 겁니다.
> 책은 글입니다. 말과는 다릅니다.
> 어떤 흔적을 남기니까 시간이 공간화됩니다.
> 말한 것은 사라지지만 긁는 것은 흔적으로 남습니다.
> 그리움도 마찬가지입니다.
> 모든 것은 사라지지만 그리움은 마치
> 책에 글자처럼 여러분 가슴속에 긁혀져 있죠.

글은 말과 달리 흔적을 남깁니다.

'그리움, 긁다, 그림'이 모두 같은 어원인 '글'에서 나왔으며, 모두 딱딱한 것을 긁는 데서 시작되었다고 했습니다. 긁어서 흔적을 남기는 공간적 사랑의 단어들이라는 것입니다. 보고 싶은 그리움이 단단한 마음을 긁으며 글과 그림을 남기고, 그렇게 쌓인 흔적들이 우리가 살아가는 지금 여기의 장소를 구축하는 것입니다. 이렇게 시간을 공간적으로 생각해 보는 상상력을 통해 '지금 여기'에서 하루하루 살아가는 의미를 달리 느껴 볼 수 있습니다. 나이가 든다는 건, 모든 게 연약함에 둘러싸이는 나날이지만 이만큼 살아온 시간들이 어떤 흔적으로 몸에 쌓여 '여기'를 다시 살아갈 수 있게 밀어 주는 것과 같습니다. 그러므로 이렇게 나이 들고, 이렇게 약해진 몸이 곧 글이고 그림이고 그리움인지 모릅니다.

그리워서 그리워하다

사람들은 보통 과거의 추억에 매이지 말고 앞으로 나아가는 삶이 지혜라고 말합니다. 그런데 정작 우리를 앞으로 밀어 주며 나아가게 하는 힘은 오히려 우리가 어디에서 비롯되었는지 그 원천을 그리워할 때 더 강렬해지기도 합니다. 이 근원적인 그리움을 독일어로 '젠주흐트'(Sehnsucht)라고 하는 데, C. S. 루이스는 이를 'Joy'(기쁨)로 번역하면서 천국을 그리워하는 인간의 본성이라고 소개했습니다. 즉 인간 내면 깊숙한 곳에 자리한 갈망으로, 세상에서 얻는 어떤 것으로도 채울 수 없고, 오직 그 마음을 지으신 분으로만 채울 수 있다는 뜻입니다. 아우구스티누스는 『고백록』에 "오 주님, 당신께서는 당신을 위해 우리를 지으셨기에, 우리의 마음은 당신 안에서 쉼을 얻을 때까지는 쉴 수 없습니다"라고 기록했습니다. 주님을 그리워하는 '그리워하다'라는 움직씨가 우리를 최종 안식에 이르게 하는 최종 단어임을 생각하게 해 줍니다.

내가 주님을 바라보며, 내 두 손을 펴 들고 기도합니다.
메마른 땅처럼 목마른 내 영혼이 주님을 그리워합니다. (시 143:6)

시인 다윗도 원수들에게 쫓기는 참담한 처지에서 옛날을 추억하며 자신의 인생에 쌓인 은혜의 흔적들을 생각하고 주님을 그리워했습니다. 메마른 땅이 비를 그리워하듯 주님을 그리워하며 목말라했습니다. 주를 그리워하는 이 마음, 이 그리움이 우리 속에 있으면 우리가 이르러야 할 최종 집으로 향하는 길이 보일 것입니다. '그리워하다'라는 움직씨는 단어 자체에 어떤 움직임을 품고 있기 때문입니다. 지금 무엇을 할 수 없는 상황에 있을지라도 계속 뭔가 하고 싶은 마음, 어딘가 갈 수 없는 처지에서 어디로든 가고 싶은 마음, 누군가 볼 수 없는 조건에서 누구라도 보고 싶은 마음, 그래서 더 애가 타는 마음, 몸으로는 어쩌지 못하는 그런 마음이 그리워하는 대상을 향해 조금씩 몸을 밀고 나아가게 하기 때문입니다. 그러므로 '그리워하다'라는 마음의 동사는 '향하여 나아가다'라는 몸의 이동으로 흐르게 되어 있습니다.

초대교회의 성도들과 사도들의 애타는 마음은 다른 성도들을 위한 '기도'로 이동했습니다. "그들은 또한 여러분에게 주신 하나님의 넘치는 은혜 때문에 여러분을 그리워하면서, 여러분을 두고 기도할 것입니다"(고후 9:14). "내가 그리스도 예수의 심정으로, 여러분 모두를 얼마나 그리워하고 있는지는, 하나님께서 증언하여 주십니다"(빌 1:8). "그는 여러분 모두를 그리워하고 있을 뿐만 아니라, 자기가 병을 앓았다는 소식을 여러분이 들었기 때문에, 몹시 걱정하고 있었습니다"(빌 2:26). 그리움이 기도를 낳은 겁니다. 기도는 그리워하는 마음의 강렬한 표현입니다. 고등학생 때 읽고 아직도 기억하는 정지용 시인의 「호수」라는 시가 있습니다. "얼굴 하나야 손바닥 둘로 폭 가리지만, 보고 싶은 마음 호수만 하니 눈 감을 밖에." 그리운 마음이 너무 커서 눈 감을 수밖에 없습니다. 오늘도 그가 그리워서 그를 위해 기도할 뿐입니다.

같이하다

두 사람이 한 사람보다 나음은
그들이 수고함으로 좋은 상을 얻을 것임이라
혹시 그들이 넘어지면 하나가 그 동무를 붙들어 일으키려니와
홀로 있어 넘어지고 붙들어 일으킬 자가 없는 자에게는 화가 있으리라.
(전 4:9-10, 개역개정)

전도서의 지혜자는 혼자보다는 둘이 낫다고 하면서 '같이하다'의 가치를 말했습니다. '같이하다'라는 말은 '같이'라는 어찌씨(부사)와 '하다'라는 움직씨(동사)가 서로 어우러져서 그 행동을 더

단단하게 만들어 주는 것 같습니다. 같이 어울려 다니며 친하게 지내는 사이를 우리말로 '단짝'이라고 부르는데, 사실 여기서 '단'은 한자 홑 '단'(單) 자로, 한글 '짝'이 합해지면서 서로 뜻이 맞는 친구가 되었습니다. '단' 자가 혼자 지낼 때는 외롭고 딱한 처지가 될 수 있지만 둘이 손을 잡고 다닐 때는 한층 '단단'(單單)해져서 좋은 결과를 낼 수 있습니다.

88세와 33세의 같이하다

얼마 전에 <바르다가 사랑한 얼굴들>이라는 다큐멘터리 영화를 보았습니다. 88세의 감독 아녜스 바르다와 33세의 사진작가 JR이라는 사람이 카메라 모양의 차를 타고 자유로운 여행을 하면서 같이 만든 영화였습니다. 둘은 55세의 나이 차이에도 전혀 어색하지 않게 천진하면서도 깊이 있게 사람들과 세상을 바라보았습니다. 두 사람에게는 독특한 공통점이 하나 있었는데, 둘 다 앞이 제대로 보이지 않는다는 점이었습니다. 88세의 할머니 감독은 이미 시력을 많이 잃어서 온 세계가 흐릿하게 보였고, 33세의 젊은 작가는 어떤 순간에도 벗지 않는 까만 선글라스 너머로 세상을 바라보았기 때문입니다. 그런데 두 사람이 같이하는 작업은, 사람들이 스쳐 지나가면서 제대로 보지 못하거나 소홀히 대하는 얼굴들과 마을들을 깊이 들여다보고 하나하나 해상도를 높여 주었습니다. 영화의 마지막에서, 친구를 만나지 못한 마음으로 울적한 바르다에게 JR이 뭔가를 해 주고 싶다며 선글라스를 벗었을 때, 바르다가 말한 대사가 오래 남습니다. "자네가 잘 안 보이는데 그래도 자네가 보여. 우리 호수를 볼까?" 그리고 둘이 같이 호수를 바라보며 영화가 끝납니다.

잘 안 보이지만 그래도 보이는 이야기, 그래서 같이 볼 수 있는 이야기, 잘 안 보이는 사람들이지만 같이 여행을 하면서 그리워하는 것을 같이 그려 나가는 시선이 사람들의 어두운 눈을 밝혀 주는 것 같습니다. <바르다가 사랑한 얼굴들>에서 33세의 JR이 눈도 잘 보이지 않고 계단도 잘 오르지 못하는 88세의 할머니 감독과 우정을 나누며 여행을 할 수 있었던 것은, 어릴 때부터 할머니와 같이한 시간 때문이었습니다. 선글라스를 벗지 않는 손주를 그 모습 그대로 받아들이고 사랑하는 할머니와 같이 지내면서 JR의 눈은 사람들의 깊은 곳을 들여다보게 되었을 것입니다.

일곱 살 손주와 할머니의 협업

저는 마을과 떨어진 외딴집에 사는 외할머니 손에서 자랐습니다. 할머니는 착한 심성으로 마을 사람들에게 사랑을 많이 받으셨는데, 덕분에 저도 조금은 착하게 사는 법을 몸으로 배우지 않았나 싶습니다. 아직 글을 알지 못할 때, 할머니가 애용하시던 약 고 뚜껑에 적힌 '안티푸라민'이라는 글자를 모양 그대로 따라 쓴 것을 벽에 붙여 놓고 사람들에게 보여 주며 좋아하셨던 기억이 있습니다. 신이 난 저는 그 뒤로 '안티푸라민' 위에 적힌 '유한양행', 부뚜막에 놓인 '남성성냥' 등 눈앞에 보이는 글자들을 하나

하나 쓰기 시작했고, 어느 순간 꽤 많은 글자들을 익히게 되었습니다. 특별한 교육이 아닌 그냥 할머니와 같이, 할머니가 좋아하는 사물들과 같이 지내면서 몸으로 익힌 것입니다. 심지어 글을 잘 모르시던 할머니는 제가 써 놓은 글자가 맞는지 사물과 맞춰 보시다가 조금씩 글을 읽기 시작하셨습니다. 일곱 살짜리 손주와 할머니의 협업(collaboration)이 일어난 셈입니다.

최승주, 최남주 자매 작가의 협업으로 이뤄진 『까막눈』이라는 그림책이 있습니다. 유치원이 끝나고 집으로 돌아오는 길에 친구들이 제안한 길거리 간판 읽기 놀이에서, 두 자매는 글자를 읽을 줄 몰라 '까막눈'이라는 놀림을 받았습니다. 그림책의 어린 화자 정이는 '까막눈'이라는 말이 정확히 무슨 뜻인지 몰랐지만, 혹시 앞을 못 보는 자신들의 할머니처럼 '깜깜한 눈'이라고 놀리는 것 같아 속이 상했습니다. 그래서 까막눈이 아니라고 소리치며 집으로 달려가 할머니를 보자마자 울면서 친구들과 있었던 일을 이야기했습니다. 할머니는 정이에게 까막눈이란 안 보이는 눈을 말하는 게 아니라 아직 글자를 못 읽는 사람을 말하는 거라고 알려 주었습니다. 그리고 할머니는 정이에게 색연필을 가져오게 해서 커다란 달력 뒷면에 색연필을 쥐고 더듬더듬 무언가를 쓰기 시작했습니다. 기역, 니은, 디귿…. 할머니는 매일 글자를 써 가며 정이에게 이름을 알려 주었습니다.

"이제 네가 한번 써 보렴." 할머니는 정이가 어느 정도 글자 이름과 모양 그리고 소리까지 알게 되자, 정이의 손에 색연필을 쥐여 주었습니다. 그리고 초록색 색연필을 든 정이의 오른손 위에 할머니의 손을 올렸습니다. 할머니가 했던 것처럼 정이가 하나씩 글자를 써 내려가면서 "옆으로 쭉, 아래로 쭉, 기역" 하고 말하면, 할머니는 "옆으로 쭉, 아래로 쭉, 기역" 하고 따라 읽었습니다. 글을 쓸 줄 알게 된 정이는 집으로 돌아오는 길에 본 글자들을 할머니의 손바닥에 쓰면서 거리의 간판들을 알려 주었습니다. '매일와슈퍼', '꺆꾸뽂꾸미용실', '잘났소정육점'과 같이 재미있는 글자들이 늘어 가면서, 앞을 보지 못하는 할머니에게도 어린 손주가 보여 주는 거리의 풍경이 눈앞에 환히 보이는 것 같았습니다. '깜깜한 눈'의 할머니와 '까막눈' 일곱 살 손주의 협업으로 이제 더는 깜깜한 눈도 까막눈도 아닌 모두가 환히 밝은 날들이 되었습니다.

이거 진짜 대단하군요!

미국 단편소설의 대가 레이먼드 카버(Raymond Carver)의 「대성당」이라는 단편소설이 있습니다. 이 소설 속 화자는 아내의 오랜 친구인 맹인의 방문을 받고 달가워하지 않았지만, 같이 식사를 한 후 마침 TV에서 방영하고 있던 중세 프로그램 속 '대성당'을 서로의 손을 붙잡고 그리게 되었습니다. 맹인은 화자의 손에 펜을 쥐게 하고, 그 손 위에 자기 손을 얹으면서 화자로 하여금 눈을 감은 채로 멈추지 않고 '대성당'을 그리게 했습니다. 마침내 다 그린 것 같았을 때, 화자는 여전히 눈을 감고 있는 상황에서 놀라운 경험을 했습니다. 그리고 이렇게 고백했습니다. "이거 진짜 대단하군요"(It's really something). 눈을 뜨고 있지만 도무지 보지 못하는 사람이 맹인과의 협업을 통해 비로소 잘 보는 법을 배우게 된 것입니다. 보통 우리는 건강한 사람이 약한 사람에게, 부자가 가난한 사람에게 도움이 되리라 생각하지만, 오히려 그 정반대의 상황이 훨씬 많을 수 있습니다. 그가 누구든 듣고 배우려는 열린 마음으로 '같이하다'라는 동사로 움직일 때, 우리는 상상 이상의 대단한 결과를 얻을 수 있습니다.

오벳과 같이한 나오미의 시간들

구약성경 룻기 마지막 장에 기록된 특별한 장면이 하나 있습니다. 보아스가 룻을 아내로 맞이하여 아들 오벳을 낳았는데, 룻기의 저자는 이웃 여인들의 축복을 빌려서 나오미에게 아들이 태어났다고 기록했습니다. 보아스와 룻의 아들을 마을 공동체가 할머니 나오미의 아들이라고 선언한 것입니다. 특히 룻이 낳은 아들을 나오미가 받아 품에 품고 그의 양육자가 되었다는 기록은(룻 4:16), 오벳이 어린 시절 내내 할머니 나오미의 품에서 성장했음을 짐작할 수 있습니다. 오벳의 이름에 '섬기는 자, 봉사하는 자'라는 뜻이 담겨 있는데, 룻기 1장에서 '텅 빈' 삶의 주인공이었던 나오미가 어린 오벳과 같이하는 시간들을 통해 그의 섬김을 받으며 '꽉 찬' 삶이 되었을 것입니다. 사랑하는 사람을 다 잃고 곧 죽게 된 할머니가 생명의 회복자, 노년의 봉양자라고 불리는 오벳과 같이하면서 완벽한 샬롬의 은혜를 누리게 된 것입니다. 룻기의 마지막 절은 다시 한번 우리의 상상을 열어 줍니다. "오벳은 이새를 낳고 이새는 다윗을 낳았다." 여기서 할머니 나오미와 손주 오벳을 이어, 할아버지 오벳과 손주 다윗의 시간도 상상해 볼 수 있습니다. 어린 다윗이 할아버지와 같이하는 시간들을 통해 양을 치는 법이나 물매로 돌을 던지는 법을 배울 수 있었을 테니까요. '같이하다'라는 움직씨 곁에는 언제나 "이거 진짜 대단하군요"라는 느낌씨(감탄사)가 준비되어 있습니다.

안아주다

모든 게 싹튼다

포옹 속에서,

부화하고 태어난다

포옹 속에서.

피어나고

날고 흐른다

포옹 속에서.

…

정현종 시인의 「포옹」이라는 시의 일부입니다. 포옹(抱擁)은 '사람을 품에 껴안음', '남을 아량으로 너그럽게 품어 줌'이라는 사전적 의미를 지니고 있는데, 소리 내어 단어를 발음하다 보면 실제 누군가의 너른 가슴에 포옹~ 하고 빠져드는 느낌이 듭니다. 시인은 이 포옹 속에서 모든 게 싹트고 부화하고 태어나고 피어나고 날고 흐른다고 하면서 이 단어가 품고 있는 특별한 생명력을 노래하고 있습니다. 포옹이라는 단어에서 딱딱한 씨앗을 품고 있는 흙의 촉촉함과 알을 품고 있는 새의 부드러움, 그리고 생명을 품고 있는 모든 어미의 따뜻함이 만져지는 것만 같습니다. 손이 손을 끌어 잡고 팔이 팔을 껴안으며 가슴이 가슴에 닿는 모습은 어떤 오랜 상처라도 낫게 해 줄 것만 같습니다.

점점 '포옹'이라는 말이나 '안아 주다'와 같은 행위는 저 멀리 달아나는 것만 같은 요즘, 겨우 이모티콘으로 대신하는 축소된 마음이 아쉬워서 오늘은 이 단어를 품에 안고 흠뻑 느껴 보고 싶습니다. 갈수록 내가 누군가를 안아 주거나 누군가에게 안겨 본 기억이 희미할 정도로 교감의 온도가 낮게 떨어진 시기이기에, 더욱 '보듬다', '껴안다', '품다', '안다'와 같은 이 '안아 주다'의 넉넉한 움직씨를 따라 몸의 동선이 그려지기를 희망해 봅니다. '포옹'을 말하면 그려지는 입모양과 '안아 주다'를 말하면 그려지는 팔 모양을 생각하면서, 오늘 내 품이 닿는 영역이 어제보다 조금만 넓어지면 좋겠다는 바람을 담아 봅니다.

안아 주다, 없어서 없는 마음을

무엇이든 안아 주기를 좋아하는 곰 이야기가 나오는 『초코가루를 사러 가는 길에』(박지연)라는 책이 있습니다. '안아 주다'에서 받침 하나만 바꾸면 '알아주다'가 된다면서 누군가를 안아 준다는 건 그 사람을 알아주는 일이라고 한 책 소개가 인상적이었습니다. 상대방이 강하든지 약하든지, 성격이 부드러운 사람이든지 까탈스러운 사람이든지, 생긴 그대로 인정하고 받아들이는 마음이 안아 주는 마음입니다.

이 책에서 무엇이든 안아 주기를 좋아하는 곰은 소문난 초코차 먹보이기도 합니다. 초코 차 없이는 살 수 없는 곰에게 초코가루가 다 떨어져 버렸습니다. 초코가루를 사려면 고개를 두 개나 넘어가야 하지만, 길을 나선 곰에게 나무 뒤에서 울고 있는 여우가 보였습니다. 여우는 자신이 여우라서 잘 속일 것 같다며 친구들이 놀아 주지 않아 울고 있다고 했습니다. 곰은 그런 여우를 꼬-옥 안아 주었습니다. 여우는 조금씩 울음을 그칠 수 있었습니다. 다시 초코가루를 사러 길을 서두르는 곰에게 이번에는 버스 정류장에서 투덜거리는 돼지가 보였습니다. 돼지는 버스가 늦게 오는 이유가 돼지를 게으르게 보기 때문이라며 화가 난 것입니다. 곰은 그런 돼지를 꼬-옥 안아 주었습니다. 돼지의 입가에 조금씩 미소가 번졌습니다. 다시 길을 재촉하는 곰에게 이번에는 말썽꾸러기 토끼들이 보였습니다. 사나운 눈꼬리를 치켜뜨고 먹을 것을 달라고 괴롭히는 토끼들을 곰은 다시 꼬-옥 안아 주었습니다. 토끼들의 성난 눈꼬리도 조금씩 내려갔습니다. 그러다 초코가루 가게에 도착했을 때는 이미 가게 문이 닫혀 버린 상태였습니다. 곰은 빈 바구니를 들고 시무룩하게 돌아올 수밖에 없었습니다.

누군가를 안아 주는 일은 이처럼 내가 가지고 싶은 것을 갖지 못하는 손해를 감수하는 일일 수도 있습니다. 먼저 내 빈 바구니부터 채우고 다음에 주변을 돌아보겠다는 마음엔 다른 빈 마음이 보이지 않습니다. 소문난 초코 차 먹보인 곰은 빨리 초코가루를 사서 자기 바구니를 채워야 하는 상황인데도 울고 있는 여우가 보이고, 화가 난 돼지가 보이고, 말썽꾸러기 토끼들이 보였습니다. 외로운 마음, 화난 마음, 주린 마음이 보였습니다. 다가가서 꼬-옥 안아 주고 싶은, 부서지기 쉬운 마음이 보였습니다. 곰이 자기 필요에 눈이 멀었다면 타자의 필요에는 관심이 없었을 겁니다. 그러나 곰의 눈에는 자신의 텅 빈 초코가루 통보다 타자의 텅 빈 가슴이 먼저 보였습니다. 없어서 아쉬운 마음이 오히려 더 없는 마음을 알아주고 안아 주는 모습입니다. 없어서 할 수 없는 일이 없다는 역설적인 생각이 들기도 합니다.

안아 주다, 안기다

무엇이든 안아 주기를 좋아하는 곰에게도 누군가 다가와서 안아 주는 시간이 필요합니다. 초코가루가 없는 곰의 시간은 시무룩하기 그지없는 결핍의 때였을 것입니다. 타자의 빈 가슴을 채우느라 정작 자신의 빈 마음을 채우지 못한 순간이 때로 우리 삶에도 불청객처럼 찾아올 수 있습니다. 그런데 바로 그 순간 길에서 만났던 여우와 돼지와 토끼 친구들이 초코가루를 들고 놀러 왔습니다. 곰은 기쁨 속에서 초코차를 만들어 친구들과 같이 나누어 마셨습니다. 그날 밤 마시는 차는 어느 때보다 달콤하고 따뜻했습니다. 누군가를 안아 주느라 내 것을 채우지 못한 시간 때문에 속상하지 않을 일입니다. 내가 알지 못하는 시간에 문득 나를 안아 주는 따뜻한 팔을 더 한껏 느낄 수 있기 때문입니다. 때로 나를 안아 주는 이가 없다고 느끼는 순간이 오더라도 종일 팔을 벌려서 나를 안아 주시는 하나님이 계시기 때문입니다(사 65:2). 그러니 외로운 길 위에서 외로운 가슴을 보면, '나도 힘든데' 하고 지나치기보다 다가가서 가만히 안아 주고 다독거려 줄 때 그 팔은 오히려 나를 보듬어 안아 주는 더 큰 위로의 손길이 될 것입니다.

안아 주는 것의 이러한 신비에 대해 철학자 김용규 선생은 『철학카페에서 시 읽기』라는 책에서 "안아 주기는 자연스레 상대와 서로 끌어안은 형상을 만든다. 다시 말해 다른 사람을 '안은 내'가 다른 사람에게 '안긴 나'를 만든다"고 했습니다. 이어서 '사랑하는 것이 곧 사랑받는 것'이 되는 상호 주관적 매듭이 바로 이 '안아 주기'라는 신비의 몸짓을 통해 이뤄진다고 했습니다.

안아 주는 것과 안기는 것이 같은 몸짓임을 구약성경 창세기에 나오는 요셉 이야기를 통해 알 수 있습니다. 창세기 45장에 요셉이 형들과 입 맞추며 서로 끌어안고 우는 장면이 있습니다. 자신을 미디안 상인들에게 팔아 버린 형들을 만나면서 요셉의 마음에서는 수많은 감정이 소용돌이쳤을 것입니다. 이집트의 총리가 된 요셉은 근심하는 형들에게 다가가 이제 근심하지 말라고 하면서 목을 안고 울었습니다. 요셉이 형들을 안고 울지만 동시에 요셉이 형들에게 안겨 우는 모습입니다. 형들을 용서하고 받아들이는 장면이면서 자신 또한 형들에게 사랑받는 동생으로 새롭게 받아들여지는 장면입니다. 결국 누군가를 안아 주는 행위는 나의 외로움과 오랜 상처와 아픔에서 벗어날 수 있는 치유의 몸짓임을 알려 주는 장면입니다.

더 큰 팔에 안겨 있음을 깨달으며

안아 주는 것은 꼭 가슴이 넉넉한 사람이나 성격이 쾌활한 사람이라야 할 수 있는 일이 아닙니다. 누구보다 속 좁은 사람이고 수줍은 사람일지라도 내가 누군가에게 받아들여지고 안겨 있음을 깨닫는 사람이면 족합니다. 언젠가 <좋은 목자의 모습>이라는 작품을 본 적이 있습니다. 매우 힘이 세고 거칠어 보이는 뿔 달린 양들에게 치여 어쩌지 못하고 쩔쩔매는 목자가 그려져 있는데, 오랜 세월 양들의 등쌀에 몸도 마음도 지칠 대로 지친 모습이었습니다. 그런데 이 작품의 핵심은 연약한 목자와 더불어 목자의 거친 양들까지 다 끌어안고 있는 더 큰 목자가 그려져 있는 점입니다. 매 순간 나를 안아 주는 이 커다랗고 친절한 팔이 내가 의식하지 못하는 순간에도 함께하고 있음을 보여 주었습니다. 사실 연약하여 부서지기 쉬운 내가 누군가를 안아 주는 일이란 쉽지 않습니다. 더구나 그 대상이 계속해서 나를 지치게 하는 존재라면 더더욱 안아 주기 싫습니다. 그럼에도 내가 안아 주는 것 이상으로 더 큰 팔에 안겨 있음을 깨닫게 될 때 다시 용기를 내어 팔을 벌릴 수 있을 것입니다.

마사 누스바움(Martha Nussbaum)은 『지혜롭게 나이 든다는 것』에서 '연회'(convivium)라는 단어의 의미가 원래 '공유하는 삶'이라고 하면서 사람들과 적당한 음식을 나누면서 대화의 매력에 빠지는 것이 '나이 듦'의 중요한 요소라고 말했습니다. 『초코가루를 사러 가는 길에』에서 곰은 그리 달갑지 않은 타자들과 조우하면서 조금씩 그들을 안아 주고 받아들이며 친구가 되었습니다. 잘 속일 것 같은 여우, 성마른 돼지, 말썽꾸러기 토끼들은 친구 하기가 쉽지 않은 존재들입니다. 그런데도 그들과 더불어 밤이 깊어 가는 시간까지 초코차를 나눠 마실 수 있는 자리를 만들었습니다. 누스바움은 나이 듦에는 불행이 필연적으로 따라오겠지만 노년기에는 대화의 질이 높아지기 때문에 인생의 어느 시기보다 우월하다는 점을 언급하면서 '우정'을 통해 유머와 이해와 사랑의 시간을 보낼 수 있다고 했습니다. 우리의 나이 듦의 시간에도 종종 낯선 친구들과 함께하는 공간이 많이 만들어지면 좋겠습니다.

그리스도께서 하나님의 영광을 드러내시려고 여러분을 받아들이신 것과 같이, 여러분도 서로 받아들이십시오. (롬 15:7)

맞이하다

내 골방의 커-텐을 걷고

정성된 마음으로 황혼(黃昏)을 맞아드리노니

바다의 흰 갈매기들같이도

인간(人間)은 얼마나 외로운 것이냐

시인이자 독립운동가 이육사 시인이 발표한 최초의 시로 알려진 「황혼」의 첫 연입니다. 희망으로 치오르는 아침 해를 맞이하는 글이 아닌 황혼을 바라보는 시를 읽으며, 어떤 외로운 공간 속에서도 평화로운 시간을 보내는 고요한 설기를 느낍니다. 어쩌면 지금 시인의 현실은 외부와 단절된 쓸쓸한 골방에 갇혀 있고, 햇볕도 그늘진 서쪽 창문을 통해 짧은 시간만 누릴 수 있는 상황일 것 같습니다. 그럼에도 귀한 손님을 맞이하듯 정성스런 마음으로 황혼을 맞아들이는 시인의 쓸쓸한 골방이 황혼의 빛에 물들어 아늑한 공간으로 바뀌고 있습니다. 황혼을 바라봄으로써 생기는 거리가 황혼을 맞아들임으로써 그 빛에 감싸여 함께 빛의 호위를 받는 장면입니다. '맞이하다'라는 동사는 그 대상을 맞이하는 편에 좋든 나쁘든 어떤 변화를 일으키게 되어 있습니다. 갑자기 찾아온 손님을 맞이하면서 안온했던 삶이 소란해지기도 하고, 낯선 사람을 맞이하면서 어려움과 두려움에 휩싸이기도 합니다. 반면에 예상치 못한 손님을 맞이했다가 떼려야 뗄 수 없는 친구 관계 혹은 가족 관계로 바뀌는 경험을 하기도 합니다. 그러므로 '맞이하다'라는 동사는 오는 것을 맞이하는 수동형 단어이면서도 내 삶에 일어날 어떤 변화를 감수하겠다는 의지가 담긴 능동형 단어입니다. '맞이하다'라는 동사와 함께함으로써 우리 삶의 분위기가 이전과 달리 복잡해질 수 있지만, 오히려 훨씬 풍요로운 색채를 더하는 기회가 되기도 합니다.

맞이하다, 낯섦을

『색깔손님』(안트예 담)이라는 그림책을 보면, 늘 문을 닫아걸고 어두컴컴한 집안에서 혼자 지내는 엘리제 할머니가 나옵니다. 할머니는 아주 가끔 맑은 공기를 위해 문을 열었는데, 어느 날 파란색 종이로 접어 만든 비행기가 집 안으로 날아와 떨어졌습니다. 파랑은 흑백의 할머니 집 안에 날아든 유일한 색깔이었습니다. 할머니는 갑작스런 낯섦에 당황해서 그것을 난로에 넣고 태워 버렸다가 밤새 종이비행기가 날아다니는 꿈에 잠을 설쳤습니다. 다음 날, 문 두드리는 소리와 함께 비행기를 찾으러 온 한 남자아이의 방문으로 할머니의 집에 변화가 일어났습니다. 빨간색 모자와 빨간색 바지, 노란색 윗도리를 입은 아이의 발길이 닿는 곳마다 흑백 집안이 화사한 빛으로 바뀌었습니다. 아이의 발걸음에 따라 낡고 어두운 계단은 붉게 물들었고, 벽에 걸린 액자들은 아이가 가리키는 손길을 따라 다채로운 빛을 드러내며 그 속에 갇혀 있던 시간들이 할머니의 추억과 함께 특별한 이야기로 소환되었습니다. 오래된 책장에 꽂혀 있는 책들도 아이의 시선이 닿자 환히 빛났고, 할머니는 책 한 권을 꺼내 아주 오랜 만에 소리 내어 아이에게 책을 읽어 주었습니다.

1+1=3 또는 5, 7의 법칙

우리 삶에도 『색깔손님』처럼 낯선 존재들을 맞이해야 할 때가 있습니다. 나와 다른 색, 다른 결을 지닌 존재와 함께하는 일이 그림책 이야기처럼 쉽지만은 않습니다. 그럼에도 낯선 존재를 맞이하고 친구로 받아들이면서, 우리 안에 숨어 있던 생각지도 못한 색깔들이 하나둘 본래의 아름다움을 펼쳐 보일 수 있는 새로운 기회가 될 수 있습니다. 할머니가 문을 열어 색깔손님을 맞이하고 그와 같이 있으면서 잃어버린 색깔을 되찾은 것처럼, 이런저런 이유로 점점 마음의 문을 닫고 빛을 잃어 가던 우리 얼굴에 다시 붉은 설렘이 찾아올 수 있습니다. 낯선 존재를 맞이함으로써 그동안 우리가 자신의 세계를 얼마나 많이 축소하며 자신의 색깔에만 갇혀 지내 왔는지 발견하게 됩니다. 또한 낯선 존재와 같이하는 경험들을 통해 우리 삶이 질 좋은 시간과 공간으로 확장될 수 있음을 깨닫습니다.

신학교를 다니면서 교회 중고등부 전도사로 한창 바삐 시간을 보낼 때, 저를 찾아온 아이들이 시간을 빼앗아서 미안하다는 말을 할 때가 있었습니다. 그러면 저는 '오히려 네가 와서 시간을 더해 주는 바람에 내 시간이 훨씬 많아졌다'고 말해 주었습니다. 저는 저를 찾아오는 아이들이 좋았고, 그들과 같이 수다를 떨고, 영화를 보고, 여행도 하면서 훨씬 즐거운 건 저라는 생각을 했던 것입니다. 그때 깨달은 사실은, 누군가 내게로 오는 일은 내 시간을 빼앗은 것이 아니라 내 시간에 그의 시간을 보태 주었다는 것이었습니다. 그가 와서 좀 더 꽉 찬 시간과 몇 배나 너른 공간을 누릴 수 있었기 때문입니다. 1+1=2가 아니라 3이 되고 5가 되는 그 확장을 경험할 수 있었던 것입니다.

맞이하다, 식탁과 함께

『색깔손님』을 맞이한 할머니는 배고파하는 아이를 위해 맛있는 빵을 만들어 함께 먹었습니다. 매일 혼자서 끓는 주전자를 바라보며 차를 마시던 할머니가 모처럼 솜씨를 내어 아이와 함께하는 식탁의 온기가 삶의 생기를 불러일으켰을 것입니다. 그렇게 배부른 아이는 집으로 돌아가며 "그런데 할머니 이름이 뭐예요?"라고 물으면서 서로의 이름이 교환되고 친구가 되었습니다. 잃어버린 종이비행기를 찾으러 온 아이는 잃어버린 할머니의 이름을, 잃어버린 이야기를 되찾게 해 주었습니다. 『dwell』에서 배리 존스는 프레드릭 비크너의 말을 인용하여, "누구나 인간으로서 경험하는 최고의 순간들은 잠시 나이기(being me)라는 쳇바퀴에서 벗어나 우리이기(being us)라는 풍경 속으로 들어갈 수 있는 순간들이다"라고 했습니다. 그리고 '우리가 우리 되는 가장 훌륭한 방법'으로 특별한 음식을 준비해 사람들과 함께 나누는 일이라고 했습니다. 식사란 그저 연료를 채우는 행위가 아니라 함께 먹기를 통해 사람과 사람을 연결하는 가장 생생한 수단이기 때문입니다. 성경은 곳곳에서 하나님이 식탁에 나타나신다는 사실을 밝혀 주고 있습니다.

'맞이하다'라는 동사에는 언제나 문을 여는 움직임과 식탁을 차리고 침대를 정리하는 움직임이 포함되어 있습니다. 손님을 맞이하려면 그가 머물 장소와 그가 먹을 음식을 준비하고 내어놓기 마련입니다. 그러므로 '맞이하다'라는 동사의 범위는 어느 한 순간 스치듯 마주하는 짧은 만남이 아니라, 같이 음식을 나눠 먹는 자리로까지 이어져서 한 식구가 되고 서로 삶을 나누는 생활 영성입니다. 이 '맞이하다'라는 동사가 천국 백성의 뚜렷한 삶의 방식으로 나타날 수 있는 바탕엔 하나님이 먼저 우리를 맞이하신 선행 동사가 있습니다.

나는 아름다운 향기로 너희를 기쁘게 맞이하겠다. (겔 20:41)

우리는 사실 이 땅에 사는 나그네로서 유리방황하는 존재들입니다. 그런 우리를 하나님이 불러 주시고, 모아 주시고, 기쁘게 맞아 주셨습니다. 구약성경은 우리가 낯선 존재를 식구처럼 받아들이고 사랑해야 하는 이유에 대해 우리 또한 나그네 신세였는데 하나님이 사랑으로 맞이해 주셨기 때문이라고 했습니다(레 19:33-34; 신 10:18-19). 여기까지 오는 동안 하나님의 놀라운 환대와 함께 수많은 누군가의 환대가 있었기에 우리가 지금에 이를 수 있었습니다. '우연히' 찾아온 사람을 맞이하다가 '마침' 하나님이 보내신 천사를 맞이하는 삶의 신비를 우리는 알고 있습니다(참조. 창 18장). 우리를 맞이한 그 손길들을 헤아리며, 오늘 우리가 맞이할 손님이 누구든지 또 언제 찾아오든지, 고달픈 몸으로 찾아오는 손님을 이육사 시인이 「청포도」에서 노래한 것처럼 은쟁반에 하이얀 모시 수건을 마련해 두고 맞이할 수 있으면 좋겠습니다. 그 손님은 1200년대 시인인 루미(Jalal Al-Din Rumi)의 「여인숙」이라는 시에 나오는 구절들처럼 하늘에서 보낸 천사일 수 있습니다.

인생은 여인숙
날마다 새 손님을 맞는다
...
누가 오든지 고맙게 여겨라
그들 모두 저 너머에서 보내어진
안내원들이니

꿈꾸다

그런 다음에, 내가 모든 사람에게 나의 영을 부어 주겠다.

너희의 아들딸은 예언을 하고,

노인들은 꿈을 꾸고,

젊은이들은 환상을 볼 것이다. (욜 2:28)

어려움에 어려움이 계속되는 고통스러운 날 속에서 하나님의 날, 곧 심판의 날이 임할 것을 예언한 요엘서의 한 구절입니다. 예언자 요엘은 하나님이 최종적으로 모든 질서를 바로잡으시는 심판의 날이 온다고 예언하면서, 그때 하나님의 영이 모든 육체

위에 차별 없이 임할 거라고 했습니다. 그런데 하나님이 부어 주시는 영을 받은 자녀들이 환상을 보고, 젊은이는 꿈을 꾸고, 노인들은 예언을 한다고 해야 자연스러울 텐데, 노인들이 꿈을 꾸게 될 거라고 하면서 우리의 생각을 새롭게 하고 있습니다. 보통 꿈은 소년기나 청년기에 꾸고, 장년기에는 그 꿈을 성취하며 살아가고, 노년기에는 한창때의 꿈을 추억하며 사는 것으로 이해하기 때문입니다. 구약성경 요셉 이야기를 통해서도 꿈꾸는 소년의 청운지지를 먼저 생각하게 됩니다.

홋카이도 대학교의 전신인 삿포로 농학교의 초대 교장 윌리엄 스미스 클라크(William Smith Clark)가 임기를 마치고 미국으로 귀국하면서 학생들에게 남긴, "소년이여, 꿈을 가져라!"(Boys, be ambitious!)라는 유명한 말도 젊은 세대에게 주어진 구호였습니다. 대체로 꿈은 젊은이의 것으로 여겨집니다. 그런데 요엘은 노인들이 꿈을 꾸는 여호와의 날을 예언했고, 신약성경에서 베드로도 "마지막 날에 너희의 늙은이들은 꿈을 꿀 것이다"라고 했던 예언자의 예언이 오순절에 하나님의 영이 임하면서 그대로 성취되었다고 증언했습니다(행 2:17). 마지막 날에… 하나님이 모든 사람에게 차별 없이 하나님의 영을 부어 주셔서, 아이들도 다가올 미래의 일을 내다보며 하나님이 행하실 큰일을 증거하고, 노인들도 다시 하나님이 주시는 꿈을 꾸게 된다는 말씀입니다. 이때의 꿈은 자기 마음대로 소원을 품고 야망을 이루는 것이 아니라, 하나님이 보여 주시고 품게 하신 하나님의 일입니다. 그러므로 '꿈꾸다'라는 동사는 내가 꿈을 꾸는 것이 아니라 하나님이 꾸게 하시는 꿈을 꾸게 되는 것입니다.

끝에서 끈이 되는 이야기

끝이 되는 부분을 일컫는 우리말 '끄트머리'는 '끝'이라는 낱말과 '시작'을 뜻하는 '머리'가 합해진 단어입니다. 우리가 끝이라고 생각하는 지점이 다시 시작하는 머리가 될 수 있음을 나타내는 말입니다. 끝은, 끝이 아니라 시작이 되는 머리인 것입니다. 심판의 날, 마지막 날이라고 일컫는 그날에 하나님의 영이 모든 사람에게 임하면서 이전과는 전혀 다른 삶을 시작할 수 있는 길이 열렸습니다. 예수님의 죽음과 부활 그리고 승천 이후 복음서의 이야기가 일단락되었다고 여겨지는 그 끄트머리에서, 모두 어두운 밤의 시간을 보내고 있을 때, 홀연히 하늘이 열리고 하나님의 영이 각 사람 위에 임했습니다. 그리고 노인들이 꿈을 꾸는 시대가 되었습니다. 점점 끝을 향해 가고 이제 마지막이라고 생각하는 시기에, '나도 한때 꿈을 꾸었지, 그런데 살아 보니 모든 게 일장춘몽에 지나지 않았어…' 하며 헛헛할 노인들이 새로운 꿈을 꾸게 되었습니다.

『나는 기다립니다』(다비드 칼리, 세르주 블로크)라는 그림책의 맨 끝에 나오는 장면이 있습니다. 프랑스어로 '끝'을 의미하는 'fin'의 n 자에 ×가 되어 있고 그 옆에 l 자를 넣어 '끈'을 뜻하는 'fil'로 만들어 놓은 장면입니다. 한국어로 번역된 책에서는 '끝'의 'ㅌ'을 지우고 'ㄴ'을 넣어서 '끈'이라고 썼습니다. 이야기의 '끝'이 다시 이야기의 '끈'이 되어 새로운 이야기로 이어지고 있다는 것을 나타내는 기발한 생각입니다. 이문재 시인은 「지금 여기가 맨 앞」이라는 시에서 맨 끝이 맨 앞에 닿아 있다고 썼습니다.

나무는 끝이 시작이다.

언제나 끝에서 시작한다.

실뿌리에서 잔가지 우듬지

새순에서 꽃 열매에 이르기까지

나무는 전부 끝이 시작이다

...

지금 여기가 맨 앞이다.

평론가 신형철은 이 시의 해설에서 '맨 끝'이란 공간적으로는 벼랑을, 시간적으로는 종말을 뜻할 거라면서, 지금 우리는 벼랑 끝에 서서 종말을 앞두고 있을지 모른다고 말했습니다. 그러면 어떻게 살아야 할지 물으면서 이문재 시인은 같은 시집에 수록된 다른 시, 「순례-관광엽서에 급히 씁니다」를 통해 '맨 끝'이 '맨 앞'이 되는 이야기를 이어 갔습니다. "길 위에서 관광객은 남은 돈을 세고 / 여행자는 더 가야 할 길을 그리워하며 신발을 살핍니다. / …이 자리에서 순례자를 떠올리는 것은 무례하다 못해 불경스러운 일이겠지요. / …'나는 결코 혼자가 아니다'라며 길 끝에서 다시 태어나던 순례자 말입니다." 시인의 말에 따르면 이 세상에는 관광객, 여행자, 순례자가 있고, 순례자는 길 끝에서 다시 태어나는 존재입니다. 신형철은 길에서 다시 태어나는 존재인 순례자가 될 때 비로소 맨 끝에서 맨 앞을 경험할 수 있다고 했습니다. 순례자는 그리스도를 믿고 다시 태어나 그를 따르는 길을 걷는 사람입니다. 해를 거듭할수록 우리는 시공간적으로 벼랑에 서 있는 듯하지만, 순례자의 꿈을 꾸는 동안에는 이 끝에서 다시 끈이 되어 줄 수 있는 새로운 길을 모색할 수 있습니다.

아무것도 없는 책

『아무것도 없는 책』(레미 쿠르종)이라는 그림책에는, 사랑하는 손녀와 함께 보낼 시간이 많이 남지 않았다는 걸 알게 된 할아버지 이야기가 나옵니다. 할아버지는 손녀에게 '아무것도 없는 책'을 선물로 주었는데, 그것은 아무런 글도 그림도 없이 텅 비어 있는 책이었습니다. 실망한 손녀에게 할아버지는 이 책은 세상에 둘도 없는 것으로, 책을 펼칠 때마다 새로운 생각이 떠오를 거라고 말해 주었습니다. 할아버지는 세상을 떠났지만, 이 책은 손녀에게 삶의 중심이 되었습니다. 매번 굉장한 생각이 떠오르는 건 아니었지만 책을 펼칠 때면 늘 생각이 떠올랐습니다. 요리하는 것을 좋아하는 손녀는 새로운 요리를 개발할 때면 조리대에 '아무것도 없는 책'을 펼쳐 놓고 여러 가지를 상상하곤 했습니다. 시간이 지나는 동안 요리에 대한 열정은 더욱 커지고 새로운 생각도 계속 넘치면서 손녀는 더 많은 요리책을 쓰게 되었습니다. '아무것도 없는 책'이 '모든 것이 담긴 책'이 되어 준 셈입니다. 할아버지가 선물해 준 책에는 아무것도 없었지만, 그 책을 펼칠 때마다 할아버지와 함께 걸었던 길, 할아버지가 들려준 이야기가 되살아나며, 할아버지의 인생 레시피, 할아버지가 꾸는 꿈이 펼쳐졌던 것입니다.

뒤를 돌아보는 꿈

“노인들은 꿈을 꾸고”라는 구절에서 노인이 꾸는 꿈은 어떤 꿈일지 생각해 보았습니다. 팔십 몇 세에도 공부를 시작해 대학에 입학하고, 칠십 몇 세에도 철인경기에 참여해 메달을 따는 것처럼, 꼭 해 보고 싶었던 일을 나이 때문에 포기하지 말고 도전하라는 의미일 수도 있습니다. 그래서 60세 이후에도 새로운 꿈을 꾸며, 인생 2막을 말하고, 특별한 성취를 보이며 감동적인 이야기를 전하는 이들이 있습니다. 성경 인물 중 갈렙은 85세라는 나이에도 40대 못지않은 힘과 전투력으로 헤브론 땅을 차지하여 모든 세대에 믿음과 용기의 본이 되었습니다. 그러니 우리도 다시 새롭게 전투에 임하고, 도전에 직면하고, 못다 이룬 꿈을 향해 달려가자고 재우치며 노인들의 꿈을 응원할 수도 있습니다.

그런데 저는 ‘꿈꾸다’라는 동사를 생각하면서 몇몇 분들의 영웅적인 서사가 아니라 우리 곁에 있는 노인들이 꿀 수 있는 꿈에 대해 나누고 싶었습니다. 어른들은 대부분 이제 꿈은 우리 몫이 아니라며 고개를 젓거나, 인생 살아 보니 꿈은 꿈이고 실제로는 꿈대로 되지 않더라며 회의적인 말을 섞어 한숨을 내뱉곤 합니다. 신체적으로나 경제적으로 할 수 없는 것이 많아지면서 저절로 갖게 되는 마음일 것입니다. 하지만 이러한 마음은 앞으로 무엇을 이뤄야 하는지에만 초점을 맞추기 때문에 생깁니다. “노인들은 꿈을 꾸고”라는 구절은 자기 앞을 향해 꾸는 꿈이기보다 자기 뒤를 향하는 꿈일 수 있습니다. 자녀들은 장래 일을 말하는 꿈을 꾸지만, 노인들은 과거 일을 말하는 꿈을 꾸기 때문입니다. 그렇게 이해하면 노인들의 꿈은 그분들이 지금까지 살아오면서 경험한 수많은 일들이고, 몸소 그 일들을 겪으며 체득한 세상에 둘도 없는 인생 레시피인 것입니다. 꿈을 꾸듯 지난 시간을 추억하며, 그 하나하나에 담긴 기쁨과 좌절, 만남과 헤어짐, 넘어짐과 일어섬의 이야기들에서 초콜릿 무스 같은 맛이나 초여름 노각무침 같은 맛을 기억해 내어 아들딸들 앞에 잘 차려 놓는 것입니다.

험악한 세월을 보냈지만

창세기 마지막 부분에서 야곱은 요셉의 도움으로 기근을 피해 바로왕 앞에 서게 되는데, 그때 바로가 야곱에게 나이를 묻는 인상적인 장면이 나옵니다.

> **바로가 야곱에게 말하였다. "어른께서는 연세가 어떻게 되시오?" 야곱이 바로에게 대답하였다. "이 세상을 떠돌아다닌 햇수가 백 년 하고도 삼십 년입니다. 저의 조상들이 세상을 떠돌던 햇수에 비하면, 제가 누린 햇수는 얼마 되지 않지만, 험악한 세월을 보냈습니다."** (창 47:8-9)

'험악한 세월을 보냈다'는 야곱의 고백은 지나온 세월의 고단함과 비참함이 고스란히 묻어나는 표현입니다. 인생의 궂은 날들을 보내고 지친 모습으로 이방 왕 앞에 선 노쇠한 야곱이 이 말을 할 때 그 얼굴이 어땠을지 짐작이 됩니다. 그런 야곱이 얼마 후 죽음을 앞두고 아들들을 축복하는 장면(창 49장)에서는 시적인 언어, 신적인 언어와 함께 매우 위엄 있고 생명력 있는 모습으로 그려지고 있습니다. 이때의 얼굴이 어땠을지도 짐작이 됩니다. 자기 인생의 끝에서, 다음 인생이 붙잡고 살아갈 새로운 끈을 이어 주는 얼굴에 드러나는 견결함과 평화로움을 충분히 짐작할 수 있습니다. 사실 야곱이 자녀들에게 전하는 축복은 『아무것도 없는 책』의 할아버지가 전한 것처럼 눈에 보이지 않았습니다. 이집트의 고센 땅에서 척박한 삶을 살아가는 이들에겐 '너는 사자다', '너는 샘 곁의 무성한 가지다', '너는 물어뜯는 이리다' 같은 말들이 다 꿈같은 소리로 들렸을지도 모릅니다. 하지만 야곱은 자녀들을 보며 그들이 펼쳐 나갈 꿈을 꾸었습니다. 자녀들의 눈에는 아무것도 보이지 않았지만, 아버지 야곱, 할아버지 야곱이 지금껏 살아오면서 경험한 하나님을 떠올리며 앞으로 펼쳐질 삶을 그려 갈 수 있었을 것입니다.

그 애가 곁에 있으면 좋으련만…

어니스트 헤밍웨이(Ernest Hemingway)의 『노인과 바다』에서 제가 제일 좋아하는 문장입니다. 소년과 함께 고기 잡는 일을 좋아하던 노인이 84일이나 고기를 잡지 못하자, 두 사람은 더는 함께 배를 탈 수 없었습니다. 85일째 되는 날에 노인은 혼자 바다에 나가 엄청나게 큰 청새치를 잡게 되었는데, 그 모든 순간을 소년과 함께하고 싶은 마음에 노인이 내뱉은 혼잣말입니다. 하지만 상어 떼의 공격으로 청새치의 모습은 온데간데없고 앙상한 뼈만 뱃전에 달고 돌아왔습니다. 소년은 뼈만 보고도 그 고기가 얼마나 엄청났을지 짐작할 수 있었고, 할아버지 손만 보고도 그 전투가 얼마나 치열했을지 알고도 남았습니다. 그리고 자신도 할아버지와 같은 어부가 되어 가고 있음을 알아차렸습니다. 어쩌면 우리도 지금까지 치열하게 살아왔지만 앙상한 뼈만 남은 청새치처럼 아무것도 보여 줄 게 없을지 모릅니다. 그래도 기진맥진하면서 그 뼈를 매달고 온 노인처럼, 험악한 세월을 보낸 야곱처럼, 끝까지 매달고 온 우리의 꿈이 있습니다. 그 꿈이 누군가에게 새로운 끈이 되어 줄 거라는 꿈을 꾸고 싶습니다.

뿌리다

곳곳에서 새해를 알리는 종소리를 들으며 프랑시스 잠(Francis Jammes)의 시집을 꺼내 「새벽의 삼종에서 저녁의 삼종까지」를 읽었습니다. “주여, 당신은 사람들 가운데로 나를 부르셨습니다. 자, 내가 여기 있나이다. 나는 괴로워하고 사랑하나이다.…나는 지금 장난꾸러기들의 조롱을 받으며 고개를 숙이는, 무거운 짐을 진 당나귀처럼 길을 가고 있습니다. 당신이 원하시는 때에, 당신이 원하시는 곳으로 나는 가겠나이다.” 고달픈 삶의 한복판에서 온유와 겸손으로 생의 무게를 감당했던 당나귀에 자신의 모습을 얹어 시를 쓴 시인은, 「위대한 것은 인간의 일들이니」라는 시에서는 일상의 소소한 일들의 위대함을 노래했습니다. “나무 병에 우유를 담는 일, 어두운 벽난로와 옴 오른 늙은 고양이와 잠든 티티새와 즐겁게 노는 아이들 옆에서 낡은 구두를 수선하는 일, 한밤중 귀뚜라미들이 날카롭게 울 때 처지는 소리를 내며 베틀을 짜는 일, 빵을 만들고 포도주를 만드는 일, 정원에 양배추와 마늘의 씨앗을 뿌리는 일, 그리고 따뜻한 달걀들을 거두어들이는 일”이 결국은 위대한 일이라고 했습니다. 새해 새날의 의욕을 앞세워 뭔가 큰일을 시작하기엔 몸도 마음도 따라 주지 않는 나이가 되어 보니 자잘하고 소소한 일에 먼저 손이 닿습니다. 오늘 할 수 있을 만큼씩만 곰지락거리며 뭔가를 만들고, 쓰고, 나누고 하는 일들이 우리가 할 수 있는 위대한 일들이라고 생각하니 위안이 됩니다.

아침에도 저녁에도 씨를 뿌리다

‘뿌리다’라는 동사는 허리 굽혀 힘을 들여야 하는 ‘심다’와 달리, 천천히 걸으면서도 할 수 있고, 뿌리는 일이 서툴러 씨앗이 예상치 못한 곳에 떨어지더라도 의외의 열매로 기쁨을 얻을 수 있어서 좋습니다. 전도서의 지혜자는 “너는 아침에 일어나 씨를 뿌리고 저녁에도 손을 놓지 말라 이것이 잘 될는지, 저것이 잘 될는지, 혹 둘이 다 잘 될는지 알지 못함이니라”(전 11:6, 개역개정)라고 말했습니다. 이 구절을 1절의 “너는 네 떡을 물 위에 던져라”와 2절의 “일곱에게나 여덟에게 나눠 줄지어다”에 나오는 ‘던지다'와 '나눠 주다'라는 동사의 흐름을 따라 같이 읽어 보고 싶습니다. 오늘 하루 무슨 일이 일어날지 내일은 또 어떤 일이 벌어질지 도무지 알 수 없는 순간에도, 우리가 할 수 있는 일은 지금 우리 몫으로 우리 손에 들고 있는 이것을 다른 사람에게 나눠 주는 일입니다. 주되, 후하게 최대한 넉넉하게 많이 나눠 주라는 말씀입니다. 심지어 비가 쏟아질 것 같고, 바람이 불어올 것 같은 날씨일지라도 형편 따지고 상황 판단하느라 머뭇거리지 말고 기꺼이 위험을 감수하면서까지 씨를 뿌리라는 격려입니다. 뿌린 씨앗 중 어느 하나가 잘 되어서 기쁨으로 안겨 올 테니, 지금은 우리가 지닌 것들을 아낌없이 뿌리는 때라고 알려 줍니다.

『씨앗 100개가 어디로 갔을까』(이자벨 미뇨스 마르틴스, 야라 코누)라는 그림책이 있습니다. 책을 열면 더할 나위 없는 하루를 보낸 아름드리나무가 꿈과 희망을 가득 품고서 바람이 불어오기를 기다리고 있습니다. 마침내 기분 좋은 바람이 불어오자 나무는 가만히 몸을 흔들어 한 계절 깊이 품고 있던 씨앗들을 땅에 뿌렸습니다. 그런데 나무의 바람과 달리 모든 씨앗이 흙 속에 내려앉지는 못했습니다. 날아간 씨앗 100개 중에서 10개는 바람을 잘못 타는 바람에 도로 한복판에 떨어졌고, 20개는 강물에 빠져서 물고기들의 먹이가 되었습니다. 10개는 싹을 틔우기 어려운 바위에 떨어졌고, 25개는 새들이 콕콕 쪼아 먹었습니다. 나머지 5개는 빌레 두 마리가, 10개는 다람쥐가, 또 다른 10개는 남자아이가 주워 갔습니다. 이제 고작 10개가 남았는데 그중에서도 7개는 목이 말라 죽고, 겨우 남은 씨앗 3개만 싹을 틔웠습니다. 쑥쑥 자라던 새싹들도 단 하나만 살아남아 어린 나무로 자라고 있었는데,

그마저도 토끼 한 마리가 다가와서 냠냠 먹어 버리고 말았습니다. 아아! 탄식밖에 나오지 않는 기막힌 상황입니다.

그런데 예상치 못한 곳에서 새로운 이야기가 시작되었습니다. 씨앗을 15개나 꿀꺽 삼켰던 욕심 많은 검은지빠귀가 여기저기 씨앗 똥을 부지직 싸고 다니는 바람에 씨앗 몇 개가 싹이 났고, 사라진 줄 알았던 다른 씨앗 몇 개도 땅속 여기저기에서 살아 있다가 숲속에 나무 10그루가 되어 쑥쑥 자라난 것입니다. 끝인 줄 알았던 이야기가 새로운 나무와 함께 풍성한 숲을 이루었습니다. "눈물을 흘리며 씨를 뿌리는 사람은 기쁨으로 거둔다"(시 126:5)라고 노래한 시인의 고백이 현실이 되었습니다.

성서유니온 광주지부가 진도에서 진행한 섬마을 캠프에 참여했을 때, 나이 70이 넘으신 자원봉사자들이 나눠 주신 인상적인 이야기가 있습니다. 그중 한 분이 20년 전 매일성경 모임에서 전라도 남쪽 해안지역의 섬에도 묵상모임이 있게 해달라고 함께 기도했던 사람들의 이름이 적힌 당시 노트를 보여 주시면서 지금 그 일이 현실로 이뤄지고 있다고 감격했습니다. "너희는 여호와의 말씀을 듣고 먼 섬에 전파하여 이르기를 이스라엘을 흩으신 자가 그를 모으시고 목자가 그 양 떼에게 행함 같이 그를 지키시리로다"(렘 31:10, 개역개정)라는 성경구절 옆에 빼곡히 적힌 이름들은, 20년 후에 어떤 일이 일어날지 아무것도 알지 못했던 시간에 눈물로 뿌려진 기도의 씨앗입니다. 그분들 덕분에 20년이 지난 지금 진도, 조도, 접도에서 모인 어린이들과 교사들이 함께 말씀의 위로를 맛보고 있었습니다. 20년 동안이나 잠잠하던 땅이 조용히 들썩이고 연약하게나마 첫 싹이 제 모습을 드러낼 때, 씨

뿌리는 사람은 알고 있었습니다. 땅에 떨어진 씨앗이 길가에서 이리저리 밟히고, 새들에게 쪼아 먹히고, 바위틈에 끼인 채 말라 죽은 것 같았지만 기어코 살아서 잎을 내는 생명의 신비를.

지는 해 비낀 볕에

"어둔 밤 쉬 되리니 네 직분 지켜서 지는 해 비낀 볕에 힘써 일하고 그 빛이 다하여서 어둡게 되어도 할 수만 있는 대로 힘써 일하라"라는 찬송가 가사가 있습니다. 씨를 뿌리고 곡식을 거두는 수고를 해서는 황혼 무렵에도 힘을 다해 할 수 있다는 응원을 담고 있는 듯합니다. 빈센트 반 고흐의 〈씨 뿌리는 사람〉도 지는 해를 배경으로 하고 있습니다. 붉은 해와 함께 누렇게 익은 곡식을 뒤로하고 힘차게 씨를 뿌리는 농부의 모습에서, 하루의 어떤 고단함보다는 머지않아 고개를 들고 나올 새싹에 대한 희망으로 가득 찬 춤사위가 느껴집니다.

"나락도 다 거두어 갈무리하고 고추도 말려서 장에 내고 참깨도 털고 겨우 한가해지기 시작하던 늦가을 어느 날 농사꾼 아우가 무심코 한 말"이 있습니다. "놀고 있는 햇볕이 아깝다"는 말입니다. 성신규 시인이 쓴 시의 제목인데, 시와 함께 해가 산등성이를 막 넘어가는 시간까지도 침침한 눈을 밝히며 콩을 심고 씨를 뿌리는 어머니의 모습이 떠오릅니다. 어린 내가 그 뒤를 어영부영 따라다니면, 웃옷자락에 콩을 담아 주시며 "너도 하라우, 이거라도 뿌리라우" 하시던 어머니의 북한 사투리가 생각납니다. 아직 놀고 있는 햇볕이 지금 우리의 뜰에도 남아 있습니다. 뉘엿뉘엿 해가 지는 시간이지만 아직 우리 손에 있는 좋은 선물들이 있습니다. 그것이 돈일 수도 있고, 환한 미소일 수도 있고, 우리만이 전해 줄 수 있는 이야기일 수도 있습니다. 무엇이든 할 수 있는 만큼 '뿌리다'라는 동사와 함께 어딘가에 기꺼이 뿌려지기를 기대합니다.

나이가 들면 일정한 수입이 없으니 돈 쓸 일이 생길 때 걱정부터 앞설 수 있습니다. 그런 걱정 때문에 손을 움켜쥐고 아끼다가 그만 나눔의 기회를 놓치고 계속 궁핍하게 사는 경우가 있습니다. 때로는 사람들에게 나눠 줘 봤자 고마움도 모르고 다 헛되다면서 몸도 마음도 안으로 옹그리는 일이 많아지기도 합니다. 하지만 주님은 우리에게 "씨를 뿌리는 사람과 추수하는 사람이 함께 기뻐할 것"(요 4:36)이라고 알려 주셨습니다. 오늘 우리가 뿌린 씨를 당장 우리 손으로 추수하지 못할지라도 반드시 누군가 이 수고의 열매를 먹으며 기뻐할 테고, 그 기쁨은 또한 우리에게 빼앗기지 않는 선물이 될 것입니다.

남기다

어려서 나는 램프 불 밑에서 자랐다.
밤중에 눈을 뜨고 내가 보는 것은
재봉틀을 돌리는 젊은 어머니와
실을 감는 주름진 할머니뿐이었다.
나는 그것이 세상의 전부라고 믿었다.

신경림 시인의 시 「어머니와 할머니의 실루엣」 앞부분입니다. 시인은 어린 시절 램프 불 밑에서 본 재봉틀을 돌리는 어머니와 실을 감는 할머니의 실루엣을 기억하고 있습니다. 그러다가 점점 자라면서 칸델라 불 밑에서, 전등불 밑에서, 가겟방의 휘황한 불빛 아래에서 넓은 세상을 경험했습니다. 이곳저곳 다니면서 많은 것을 보고 많은 것을 들었습니다. 하지만 멀리 다닐수록, 많이 보고 들을수록 이상하게도 시야는 좁아져서 시인의 망막에는 마침내 '재봉틀을 돌리는 젊은 어머니와 실을 감는 주름진 할머니의 실루엣만 남았다'고, 다시 이것이 세상의 전부라고 믿게 되었음을 고백하고 있습니다. 시인의 어머니와 할머니는 고된 일과를 마친 후에도 흐린 불빛 아래에서 가족들을 위해 매일 밤 재봉틀을 돌렸던 것 같습니다. 세월이 흐를수록 그 흐릿한 실루엣이 시인의 기억 속에 또렷이 살아났습니다. 캄캄한 밤길을 헤매며 멀리 떠나 있더라도 램프 불에 흔들리는 어머니와 할머니의 실루엣이 시인의 길을 비추며 언제든 돌아와 쉴 수 있는 안식처가 되어 준 것입니다.

「어머니와 할머니의 실루엣」을 읽으며, 예고된 스승의 죽음 앞에서 믿음의 열정이 조금씩 까부라지고 있었을 디모데에게 하나님의 은사를 다시 불일 듯 일어나게 한 바울의 편지가 생각났습니다. 바울은 디모데에게, 무서움으로 믿음의 불이 사위어 가지 않도록, 외할머니 로이스와 어머니 유니게가 보여 준 신앙생활의 실루엣을 기억하게 했습니다. 할머니와 어머니가 몸으로 남겨 준 믿음의 실루엣이 디모데를 고난 앞에서도 부끄러워하지 않는 좋은 군사로 세워 줄 것이기 때문입니다. 몸으로 남긴 어떤 실루엣은 때로 말과 글보다 힘이 있어 사람을 변화시키는 특별한 방식이 됩니다.

얼마 전 23년 동안 일했던 곳에서 정년퇴직을 하면서 사무실 자리를 정리하고 후임자에게 업무를 인계하는 동안 무엇을 남기고 떠나야 할지 살피게 되었습니다. 사람과 사역에 관한 자료, 행정과 사무에 관한 자료, 자산과 자원에 관한 자료 등 나름의 범주를 정해서 자료를 모으고 정리한 파일을 넘겨주면서 떠오른 생각이 있습니다. 눈으로 확인할 수 있는 이런 자료들 말고 후임자가 어떤 곤란한 상황에 맞닥뜨렸을 때 문득 떠올릴 수 있는 전임자의 실루엣은 어떤 모습일까 하는 생각이었습니다. 결국 몸으로 존재했던 시간을 함께하면서 각자 경험한 모습이 남아 있을 테니까요. '남기다' 혹은 '물려주다'라는 동사는 몸의 실루엣으로 남을 때 그 그리움이 더 쉽어지는 것 같습니다.

좋은 손을 남기다

시편 78:72에 다윗이 왕이 되었을 때 그의 백성을 "마음의 성실함으로 기르고 그 손의 공교함으로 지도하였도다"(개역한글)라는 표현이 있습니다. 목동으로 지내면서 오랜 시간 양을 돌볼 때 만들어진 손의 굳은살이 백성을 다스리는 왕의 손에도 그대로 남아서 누구나 다윗을 떠올리면 '돌봄에 능숙한 손'을 그릴 수 있었던 것입니다. 『나의 를리외르 아저씨』(이세 히데코)라는 그림책에도 능숙한 손을 지닌 아저씨가 있습니다. '를리외르'(relieur)는 사람의 이름이 아니고 책 제본하는 사람을 일컫는 프랑스어로, 오래되고 해진 책을 뜯어서 복원하는 직업을 일컫는 단어입니다. 이 그림책은 직업이 아예 그 사람의 이름이자 존재가 되어서, '를리외르'라는 직업을 가진 누구가 아니라 '를리외르'라는 사람이

하는 일이 곧 그 사람임을 보여 줍니다.

'나의 를리외르 아저씨'는 어느 특별한 날 아침 우체국에 들러 책을 부친 다음 바게트 빵을 하나 사 들고 귀가하고 있습니다. 그 시간, 식물을 좋아하는 아이 소피는 너무 많이 펼쳐 봐서 망가진 자신의 식물도감을 고치고 싶어 했습니다. 그렇게 중요한 책이면 를리외르를 찾아가 보라는 말을 듣고, 소피는 책을 들고 거리를 헤매며 를리외르를 찾아다녔습니다. 손에 책을 쥔 소피와 손에 빵을 쥔 를리외르 아저씨의 모습이 책의 펼침 면에서 서로 마주하며 다가서다가 드디어 만나게 되었습니다. 아저씨는 '를리외르'라는 말에는 '다시 묶는다'는 뜻도 있으니 먼저 책을 뜯어내고 다시 꿰매자고 말하면서 소피의 책을 새롭게 만들어 주기로 했습니다. 한 장 한 장 낱낱이 뜯어내고, 가장자리를 자르고, 다시 실로 땀땀이 떠서 꿰매고, 책등에 풀칠해서 말리는 과정을 하나하나 설명하면서 책의 일, 손의 일을 해 나갔습니다. 를리외르 아저씨가 망가진 책을 한 장 한 장 정성껏 꿰매며 새로운 책으로 다시 만들어 내는 작업대는 어떤 존재의 존엄성을 지켜 내는 성소와도 같았습니다.

『다윗, 현실에 뿌리박은 영성』에서 유진 피터슨은 정육점 주인이었던 자신의 아버지를 제사장으로, 아버지의 작업대를 제단으로 여기게 된 이야기를 기록해 놓았습니다. 그는 하얀 작업용 앞치마를 두르고 암소와 돼지를 잡아 내장을 빼고 고기를 자르시던 자신의 아버지가 가게에 들어오는 손님들의 이름을 부르며 언제나 웃는 얼굴로 반갑게 맞이했다고 했습니다. 그 모습을 보며 아버지가 일하던 그 자리가 곧 우리가 예배드리는 장소처럼 사람들이 서로 우애를 나누는 존엄한 자리가 되었다고 한 것입니다. 또한 아버지의 일하는 모습이 하나님의 일하심을 닮았음을 생각하며 자신의 목회에 아버지가 일하는 손으로 남겨 준 거룩한 실루엣이 깃들어 있음을 추억했습니다. 를리외르 아저씨의 공방과 작업대 역시 사람들에게는 거룩한 손의 일을 경험할 수 있는 거룩한 장소가 되었을 것입니다.

"아저씨 손, 꼭 나무옹이 같아요." 평생을 를리외르로 살아온 흔적이 아저씨 손에 그대로 정직하게 남겨져 있었습니다. 나무옹이는 나무에 생긴 상처의 흔적으로, 나뭇가지가 부러지면서 나무와 작별하는 과정에서 만들어진다고 합니다. 그러므로 한 사람의 손이 나무옹이 같다면 그의 생에 얼마나 많은 이별과 아픔과 상처가 있었는지, 그 상처를 끌어안고 새로운 이야기로 피워 내기까지 얼마나 많이 애썼는지 어림으로 짐작할 수 있을 것입니다. 그런 손으로 만들어 내는 사물은 그것이 무엇이든 거룩한 예물로 쓰이기에 부족함이 없을 것입니다. 잠언에 기록된 '한 손으로는 물레질을 하고, 다른 손으로는 실을 타고, 한 손은 펴서 가난한 사람을 돕고, 다른 손은 펴서 궁핍한 사람을 돕는'(잠 31:19-20) 용사와 같은 여인의 손에도 나무옹이 무늬가 새겨져 있을 것 같습니다. 이문재 시인은 「손의 백서(白書)」라는 시에서 지금은 사람들이 손을 쓰지 않아 손사용 법을 잃어버렸다고 아쉬워했습니다. 시인은 이 시에서 손이 마우스나 키보드, 터치스크린 단말기, 핸들이나 변속기 주변, 각종 스위치 버튼 손잡이 일대, 신용카드 지갑, 가방 근처 같은 제한구역에 살고 있다고 했습니다. 요즘 우리의 손이 나무옹이와 같은 손과는 한참 거리가 먼 한정된 손의 답답함을 느끼게 됩니다.

"얘야, 좋은 손을 갖도록 해라." 를리외르 아저씨의 아버지도 '를리외르'였는데, 아들에게 이름을 남기지 않아도 좋으니 좋은 손을 가지라고 가르쳐 주었습니다. 아버지 손도 나무옹이 같았습니다. 아버지는 아들에게 '를리외르'의 일은 모조리 손으로 하는 거라고 알려 주면서 실의 당김도, 가죽의 부드러움도, 종이의 습도도, 재료의 선택도 모두 손으로 기억하라고 했습니다. 사실 손으로 몸으로 기억되지 않을 지혜는 구체성이 결여된 추상으로, 우리 삶과 동떨어진 채 게으른 상태만 남길 것입니다. 진리(眞)는 우리의 머리에서 손으로 내려가 손끝에 이를 때, 우리 손이 닿는 곳에서 선(善)과 미(美)를 이룰 수 있습니다. 를리외르 아저씨는 를리외르 아버지 곁에서 수많은 책을 고쳐서 새 생명을 얻게 하는 손을 보고 자라면서 자신도 능숙한 를리외르의 손으로 책을 매만지게 되었습니다. 아버지의 나무옹이 같은 손이 아들의 손에 그대로 남아 있게 된 것입니다. 나무를 좋아해서 식물도감에 빠진 어린아이 소피는 를리외르 아저씨가 새롭게 만들어 준 책과 함께 커다란 나무로 성장했습니다. 를리외르 아저씨가 소피에게 남긴 책은 그냥 식물도감이 아니라 '소피의 나무들'로 소피를 키워 준 특별한 학교가 된 셈입니다.

떠날 때가 올 때

'남기다'라는 동사를 신경림 시인의 시에 등장하는 어머니와 할머니의 재봉틀 방, 유진 피터슨 아버지의 정육점, 를리외르 아저씨의 책 제본방에서 일어난 이야기들과 함께 생각해 보았습니다. 특별히 그들이 남긴 포즈와 실루엣이 다른 사람에게 어떤 분위기를 물려주었는지 살폈습니다. 구약성경 출애굽기에도 기억하고 싶은 방이 있는데, 바로 모세와 여호수아의 회막(tent, 장막) 이야기입니다. 그곳은 모세가 하나님 앞에서 마치 친구처럼 얼굴을 마주하고 말씀을 듣는 방이었고, 모세가 진(camp)으로 돌아가도 그의 젊은 부관인 눈의 아들 여호수아는 회막을 떠나지 않았습니다. 스승이 떠난 자리를 여호수아가 떠나지 않고 지킨 이유는 하나님과 친구처럼 대화하던 모세의 실루엣이 여호수아의 눈에서 떠나지 않았기 때문은 아닐까 생각했습니다. 회막의 구름 속에서 하나님과 대화하는 스승의 신성한 자세가 평생 여호수아의 마음에 새겨져 있었을 것 같습니다. 그 결과 여호수아의 사역 가운데 많은 부분에 스승 모세의 자세가 그대로 남아 있게 되었습니다. 열왕기에 기록된 엘리야와 엘리사의 이야기에서도 엘리사의 사역 위에 스승 엘리야의 실루엣이 겹쳐 있음을 확인할 수 있습니다. 하지만 성경의 어떤 인물들보다도 예수님이 제자들에게 남기신 평화의 자세를 기억하고 싶습니다.

> **나는 평화를 너희에게 남겨 준다. 나는 내 평화를 너희에게 준다. 내가 너희에게 주는 평화는 세상이 주는 것과 같지 않다. 너희는 마음에 근심하지 말고, 두려워하지도 말아라.** (요 14:27)

"평화를 너희에게 남겨 준다"에서 '남겨 준다'는 말을 개역개정은 '끼치노니'로 번역했고, 영어번역본은 'leave'(남기다), 'bequeath'(유산으로 물려주다)로 번역했습니다. 이 단어는 구약성경에서 후손에게 산업과 기업을 남겨 줄 때 사용되었습니다(잠 13:22; 대상 28:8). 예수님은 사랑하는 제자들 곁을 떠나야 할 때가 다가옴을 아시고 그들과 함께 있을 때 '평화'(샬롬)를 유산으로 남겨 주신 것입니다. 예수님께 속한 '평화'가 이제 제자들의 소유가 되었습니다. 예수님은 제자들에게 이 평화를 상속해 주기 위해 십자가에서 손과 발에 못 박히셨습니다. 못 박힌 손, 나무옹이보다 아프고 질긴 사랑의 옹이가 예수님 몸에 새겨졌고, 그 손과 발 아래서 우리의 아침이 매일 새롭게 평화의 인사로 태어나고 있습니다. 그 못 박힌 손으로 우리 손에 남겨 주신 평화의 선물을 이제 우리 손으로, 손의 일로, 손을 잃어버린 사람들의 손을 잡아 줄 수 있어야 합니다. 이문재 시인은 「사랑이 나가다」라는 시에서 사랑을 잃고 떨리는 손을 붙잡고 싶어 하며 이렇게 노래했습니다.

사랑은 눈이 아니다.
가슴이 아니다.
사랑은 손이다.
손을 잃으면
모든 것을 잃는다.

두다

…

아버지의 구두를 신으면 아버지가 된 것 같고

집 어귀며 책상이며 손닿던 곳은 아버지의 손 같고

구두며 옷가지며 몸에 지니던 것들은 아버지 같고

내 눈물마저도 아버지의 것인 것 같다

…

이현승 시인이 쓴 「친애하는 사물들」이란 시의 한 단락입니다. 돌아가신 아버지가 남겨 두신 사물에서 아버지를 느끼며, 아버지와 닮은 자신의 표정에서 다시 아버지를 마주하는 장면을 보여 주고 있습니다. 무표정, 무감정의 사물이지만, 한때 그 사물을 지녔던 사람으로 인해 각각의 사물이 저마다의 기억을 품고 말을 걸어오는 듯합니다. 이정록 시인은 「면도기」라는 시에서 아버지와 함께 사용한 도루코 양날 면도기에 얽힌 이야기를 썼습니다. 시인이 고등학교에 입학하고 수염이 검어지자, 아버지가 흐뭇해하며 자신의 면도기를 같이 쓰게 하면서 "잘 드는 쪽이 네 거다"라고 말씀하셨습니다. 아버지는 면도날을 반쪽만 잘라 엇갈아 끼워서, 무딘 쪽은 본인이 쓰고 잘 드는 쪽은 아들이 쓰게 한 것입니다. 시인은 시의 마지막 문장에서 면도기를 사용할 때마다 "아버지의 마음 한쪽을 상속받았다"라고 표현했습니다. 낡고 무딘 면도기라는 사소한 사물을 통해 아버지의 커다란 마음을 상속받은 것입니다. 시를 읽는 즐거움 중 하나는 평범한 일상 속 작고 하찮은 사물들이 시인의 애정 어린 시선을 받으며 어떻게 작품으로 변모하는지를 바라보는 일입니다.

제게도 사물에 대한 오랜 기억이 하나 있습니다. 아버지가 직접 제 손을 잡고 시내에 가서 중학교 입학을 위해 필요한 도장을 근사한 옥으로 만들어 주신 일입니다. 50년이 넘도록 지금까지 그 도장을 간직하며 사용할 때마다 그날 처음으로 아버지와 함께 걸었던 낯선 시내 풍경과 아버지와 유일하게 외식을 했던 자장면집이 생각납니다. 엄지와 검지만으로 쥘 수 있는 아주 작은 사물인 도장이지만, 그 사물에서 아버지의 두툼한 손과 무심한 듯 온 신경을 내게로 기울이며 걸으시던 아버지의 모습이 그려집니다.

3년여 시간 외에는 아버지와 함께 살지 않았던 제 삶에서 아버지가 남겨 두신 사물을 찾기는 어렵지만, 이상하게도 도장을 새긴 그날의 시간은 지금도 수십 가지 표정으로 제 마음에 새겨져 있습니다. 이렇게 사물들은 말없이 우리에게 수많은 말을 걸어오고, 우리에게 남은 기억을 따라 저마다의 특별한 시간과 공간을 선사해 줍니다. '두다'라는 동사와 함께 우리 곁에 어떤 사물을 가까이 두고 살아가는지 살펴보고 싶습니다.

사토 와키코의 『바쁜 밤』

몇 년 전에 일본 나가노현에 있는 작은 미술관을 방문한 적이 있습니다. 사토 와키코(佐藤 わき子)라는 그림책 작가는 자신의 집을 개조하여 그림책 미술관으로 사용하고 있었는데, 마침 그때 『바쁜 밤』(いそがしいよる)이라는 작품을 원화로 볼 수 있었습니다. 한창 시니어를 위한 글을 쓰고 있어서 자연스럽게 할머니 할아버지 이야기가 있는 그림책에 눈길이 갈 때였는데, 이 작품은 그림만으로도 웃음과 가벼운 탄성이 일게 했습니다. 한국어 번역본이 없어서 지인의 도움을 받아 이 그림책을 읽어 보니, 외딴 집에 고양이와 살고 있는 할머니 이야기였습니다. 어느 밤, 할머니는 창문을 열고 반짝이는 별을 보다가 아예 집 밖으로 흔들의자를 가지고 나와서 본격적으로 유리 조각처럼 빛나는 별을 감상했습니다. 아름다운 별빛에 반한 할머니는 밤하늘을 밤새 보기 위해 아예 밖에서 자기로 결정하고 집에서 침대를 끌고 나와 그 위

에 누웠습니다. 그러자 자기 전에 항상 곁에 두었던 따뜻한 차 한 잔이 생각나 다시 집에 들어가 보온병과 홍차를 가지고 밖으로 나왔습니다. 다시 보온병과 찻잔을 놓을 테이블이 필요해서 테이블을 가져다 두고, 혹시 밤에 배가 고플지 모르니 전자레인지도 가져다 두고, 우유와 잼이 필요할지도 몰라 냉장고도 질질 끌어다 두었습니다. 그리고 밤에 잠들기 전에 읽을 책과 스탠드, 아침에 일어날 때 필요한 자명종, 쿠션, 일기장, 안경, 저금통, 인형, 구급상자, 바느질꾸러미까지 하나씩 가져오다 보니 어느새 집안 물건을 모조리 꺼내와 침대 곁에 두었습니다. 이걸로 끝이 아니었습니다. 할머니는 주변을 둘러보다가 비가 오면 큰일이라는 생각에 커다란 텐트를 가져와서 집밖에 둔 물건들 위에 쳤습니다. 비로소 할머니는 낯익은 집안 사물들로 둘러싸인 침대 위에 누워서, 맨 처음에 반했던 별빛 따위는 완전히 잊어버리고 쿨쿨 잠에 빠졌습니다.

스마트폰에 의존하는 기억

철학자 한병철은 『사물의 소멸』이라는 책에서 한나 아렌트(Hannah Arendt)가 말한 세계 사물에 부여된 과제는 '인간의 삶을 안정화하는 것'이라고 했습니다. 사물은 인간의 삶에 멈춤과 하염없이 머무르기와 바라보기를 허락함으로써 인간의 호흡을 가지런히 해 주기 때문이라는 것입니다. 한병철은 우리가 사는 지금 이 시대는 사물의 시대에서 반사물의 시대로 넘어가는 이행기로, 디지털 질서가 세계를 정보화하고 사물을 밀어내면서 그와 함께 누적된 역사와 이야기도 밀어내고 있다고 비평했습니다. 지금 우리는 스마트폰 하나에 모든 기억을 의존하면서 온갖 일회용품을 소비하고 어디에서도 편히 머물지 못하고 방황하는 불안의 시대를 살고 있습니다.

천천히 오래 바라보고 하염없이 머무르기가 가능한 사물이 우리 삶에 어떻게 안정을 가져다줄 수 있는지 생각하면서 『바쁜 밤』을 읽었습니다. 밤이 깊어 가는 시간에 할머니는 창문을 열고 멀리 보이는 밤하늘의 별빛에 마음 설렜지만, 그를 편안히 잠들게 한 것은 익숙한 사물로 가득 채운 할머니만의 작은 공간이었습니다. 할머니가 침대 곁에 두고 편히 잠들 수 있었던 사물은 그 동안 수도 없이 매만져서 닳아 해지거나 반들거리는 것들이고, 할머니와 함께 무수한 시간을 보내며 사연이 담긴 것들입니다. 그 사물들은 저마다 할머니의 손길과 어떤 관계를 맺어 왔는지 각각의 이야기를 지니고 있었습니다. 그 이야기와 함께 할머니의 시간이 안온한 추억으로 그다음 오는 사람들, 다시 그 사물을 만나는 이들에게 이어져 갈 것입니다.

거기 그대로 두기

오래전 저는 시골집에 갈 때마다 엄마의 낡은 사물을 몰래 내다 버리는 언니 오빠들과 기어코 그 물건을 다시 찾아내고야 마는 엄마의 실랑이를 지켜보곤 했습니다. '거기 그냥 두어라'라고 말하는 엄마와 '그걸 치우면 얼마나 깨끗하냐'고 말하는 형제들의 언쟁이 꼭 한 번씩은 일어났습니다. 그러다 한번은 엄마의 오랜 물건을 아예 태워 버리기까지 하자 엄마는 밤새 속상해하셨고, 형제들은 더 좋은 것을 새로 사다 주겠다며 엄마의 마음을 달랬습니다. 하지만 그 어떤 좋은 것으로도 그 물건에 축적된 엄마의 시간을 사 드릴 수는 없다는 사실을 깨닫고 나서야 오랜 실랑이를 멈췄습니다. 보통 우리는 낡고 허름한 사물을 구질구질하게 취급하면서 말끔히 치워 버리는 게 훨씬 깨끗하고 좋다고 생각합니다. 하지만 부모님께는 오랜 추억과 이야기까지 치워 버리는 느낌일 것입니다. 거기 그대로 두는 것이 오히려 가장 좋은 것임을 젊고 세련된 세대인 자녀들은 미처 깨닫지 못합니다.

> 내 경우에는 기본적으로 원고에 지나치게 손을 대지 않았다. 설령 마음에 들지 않더라도 독자들에게 전달되어야 하는 것은 내 목소리가 아니라 작가의 목소리이기 때문이었다. 그리고 작가의 허락이 없으면 어떤 부분도 고치지 말아야 하는 것은 모든 편집자의 절대 원칙이었다.

영국 안드레 도이치 출판사 편집자인 다이애나 애실(Diana Athill)이 50년의 출판 인생을 돌아보며 쓴 책 『그대로 두기』에 나오는 문장입니다. 원제목은 "Stet"인데, 책을 만드는 과정에서 편집자가 작가의 원고를 읽다가 빼고 싶거나 수정하고 싶은 문장을 고쳤다가 원래대로 되살리고 싶을 때 'Stet'(되살리기)이라는 표시를 합니다. 한국 편집자들은 같은 상황에서 줄을 그은 문장 위에 한자로 '生'(그대로 두기)이라고 표시해 삭제한 문장을 되살립니다. 편집자의 눈으로 볼 때 삭제하면 훨씬 깔끔할 것 같아 줄로 그었다가도, 작가의 시선으로 다시 읽으면서 원래대로 놔두는 것이 좋겠다고 판단할 때 사용하는 표시입니다. 예컨대 '쓰레빠'라는 단어가 저속한 것 같아서 삭제하고 그 위에 '슬리퍼'라고 교정을 했다가, 문장 전체를 읽어 보니 그 글에는 '쓰레빠'를 그대로 두어야만 저자의 의도가 생생하게 살아나는 것을 깨닫는 순간, 편집자는 '生'을 적게 됩니다. 우리 개인의 일상에도 또는 공동체 속에도 삭제하고 싶은 무엇이 있습니다. 그냥 그대로 두면 누군가의 눈에 걸림이 되고 귀찮은 일이 일어날 것 같아서, 가능하면 눈에 보이지 않도록 치워 버리고 싶어 합니다. 하지만 전체 그림을 이해하는 순간, 거기 그대로 두는 것이 더 자연스럽고 생기가 도는 풍경임을 깨닫습니다. '거기 그냥 두라'고 하시는 어머니의 말씀처럼, 오늘 우리 곁에도 '生'(그대로 두기)을 표시해야 할 사물이나 관계가 무엇일지 생각해 봅니다.

수년 전에 아일랜드를 여행할 일이 있었습니다. 그때 OMF 선교사로 한국에서 사역하시는 동안 성서유니온에서 어린이 묵상 지도와 교회학교 교사 교육을 하셨던 이사벨라 퍼디 선교사님 댁을 방문한 적이 있습니다. 며칠 지내는 동안 인상 깊었던 기억이 있습니다. 어떤 머그잔에 커피를 내주시면서, 한국에 계실 때 제가 다니던 교회의 청년들과 영어 성경공부를 하면서 함께 커피를 마시던 잔이라고 얘기해 주신 일입니다. 그리고 당시 청년들과 함께 찍은 사진을 보여 주셨는데 정말 같은 컵이었습니다. 세상에나! 어떻게 이 컵을 아일랜드까지 가지고 오셨는지 묻자, 선교사님은 이 컵엔 소중한 이야기가 담겨 있기 때문이라고 했습니다. 이 컵을 사용할 때마다 서울 사근동의 반지하 방에서 함께 둘러앉아 이야기를 나눴던 청년들의 사연, 그들의 눈물과 웃음이 같이 떠오르기 때문이라고 말씀하셨습니다. 한국에서 아일랜드까지 가져와 매일 식탁 위에 두고 사용하는 사물엔 한국에 있는 청년들과 맺은 깊은 관계가 숨 쉬고 있었고, 그 기억이 선교사님의 시간과 공간을 따뜻하게 만들어 주고 있었습니다. 선교사님은 이어서 거실에 있는 사물들을 소개해 주셨는데, 낡은 소파는 이모에게서, 그릇은 어머니에게서, 또 찬장은 어머니의 어머니에게서 물려받았다고 하시며 거기에 담긴 이야기를 나눠 주셨습니다. 그 공간에 있는 사물들이 각각 선교사님과 어떤 관계를 맺고 어떤 역사를 지니고 있는지 듣다 보니, 마치 살아 있는 이야기 박물관에 와 있는 느낌이 들었습니다.

마지막 순간에 우리 곁에 있어야 할 유일한 사물

'산다는 것은 풍경을 가진다는 것'이라는 말이 있습니다. 그러므로 풍경을 잃어버리면 살아 있다고 해도 삶의 기쁨을 제대로 누릴 수 없습니다. 다시 사토 와키코가 그린 『바쁜 밤』의 풍경 속에서 안식을 취하는 할머니를 생각해 봅니다. 할머니의 사물들은, 어떤 이에게는 다 버려도 될 만큼 쓸모없는 것일지 모르지만, 할머니에게는 하나도 버릴 것이 없고 오히려 할머니의 안식에 꼭 필요한 것들이었습니다. 숟가락, 젓가락, 주걱, 도마, 뜨개질 바구니 하나하나에 저마다 빛나는 이야기가 담겨 있기 때문입니다. 『김선우의 사물들』이라는 책을 보면 '숟가락'에 관한 시인의 기록이 나오는데, 숟가락 하나가 떠올렸던 무수한 국물들과 낱낱의

알곡들이 우리 몸을 어떻게 섬겼는지를 생생한 의미로 표현하고 있습니다. 지금 우리를 둘러싼 풍경과 그 풍경을 만드는 사물에 담긴 이야기가 무엇일지 생각해 봅니다. 사람들은 나이가 들수록 하나씩 물건을 줄여 가고 버릴수록 지혜로운 삶이라고 말합니다. 하지만 온갖 상실을 경험하며 슬픔에 사로잡히기 쉬운 시기의 어르신들에게 다 갖다 버리고 가볍게 살라고 말하는 것은 조심해야겠다는 생각이 들었습니다. 그분들께는 사소한 물건이 아니라 평생을 지켜 온 추억일 수 있기 때문입니다.

아이에서 노인까지 많은 사람이 스마트폰에 의존하며 성경을 읽고 공부하는 일까지 스마트폰으로 해결하는 이 시대에, 다시 사물이 지닌 이야기가 발화하기를 꿈꾸며 '두다'라는 동사를 생각했습니다. 두터운 성경책을 한장 한장 넘기며 눈물을 흘렸던 경험을 지닌 우리만이라도, 눈으로 볼 수 있고 만질 수 있는 물성을 지닌 성경책을 평생 옆에 두고 읽기를 소망합니다. 그래서 "아침저녁으로 읽으시던 어머니의 성경책 손때 남은 구절마다 모습 본 듯합니다"라는 찬송가 가사처럼, 우리가 남겨 둔 성경책이 우리 다음 사람들에게 힘이 되는 사물이기를 기대합니다. 나이 든 몸으로 감옥에서 추운 계절을 보내던 사도 바울이 믿음의 아들 디모데에게 꼭 필요한 사물 두 가지를 요청했습니다. 추운 몸을 덮을 겉옷 하나와 떨리는 마음을 붙잡아 줄 성경책 한 권입니다.

네가 올 때에 내가 드로아 가보의 집에 둔 겉옷을 가지고 오고 또 책은 특별히 가죽 종이에 쓴 것을 가져오라. (딤후 4:13, 개역개정)

살다

열두 살은 열두 살을 살고
열여섯은 열여섯을 살지
예순둘은 예순둘을 살고
일곱 살은 일곱 살을 살지…
미리 알 수 있는 건 하나 없고
후회 없이 살 수 있지도 않아
피할 수 있다면 피하고 싶지만
다 겪어 봐야 알 수 있는 게 있지

수년 전 EBS <스페이스 공감>이라는 음악 프로그램에서, 가수 김창완 씨가 같이 산울림 밴드를 하던 동생을 갑작스러운 사고로 잃고 나서 삶을 어떻게 바라보게 되었는지 이야기하며 부른 노래의 일부입니다. 방송을 본 지 한참 지났는데도 그가 노래를 부르기 전에 해 준 어린 시절 이야기가 제 기억 속에 선명하게 남아 있습니다. 중학교 2학년 김창완은 계동에서 시청 앞까지 걸어가면서 지나가는 사람들에게 이런 질문을 했다고 합니다. "아저씨, 왜 사세요? 아줌마, 왜 사세요?" 그때마다 돌아온 어른들의 답변은 "너도 커 보면 알아. 쓸데없는 소리 하지 말고 공부나 해라"였습니다. 어른이 된 김창완은 자신의 사지가 잘려 나가는 느낌이 들었다는 동생의 사고 경험 이후에, '삶이라는 것은 매 순간 완성되어야 하는 거구나. 삶을 완성하는 것은 오랜 세월의 집적이 아니라 찰나구나' 하는 생각을 하게 되었다고 했습니다. 그래서 지금 이 순간을 살고 있는 여기에서 우리 인생이 완성되어야 한다는 말과 함께 부르고 싶은 노래가 '열두 살은 열두 살을 살고…'라고 했습니다.

창조주의 숨을 받아 살아가는 사랑살이

저도 지금 예순둘의 봄을 살아가며 이 노래를 따라 불러 봅니다. '예순둘은 예순둘을 살고, 일흔 살은 일흔 살을 살지' 하고 부르다 보니, 저의 오늘도 내일도 그리고 다음날도 제게 허락되는 날들을 잘 건사하며 살아갈 수 있을 것 같습니다. 우리말에서 '살다'라는 동사는 '사람'의 어원이기도 한데, 이 '살다'라는 동사에서 사람뿐만 아니라 '삶', '숨', '사랑'이라는 명사(이름씨)도 나왔다고 합니다. 그러고 보면 사람, 삶, 숨, 사랑이라는 명사들은 하나같이 창조주의 숨을 받아 살아가는 사람의 사랑살이 안에서 움직이는 동사들의 도움을 받아 존재하고 있습니다.

『삶의 모든 색』(리사 아이사토)이라는 조금 두꺼운 그림책이 있습니다. 어린이보다는 어른을 위해 지은 책이 아닐까 싶을 정도로 인생 전체를 섬세하면서도 유쾌한 감정으로 보여 주는 책입니다. 책은 아이의 삶, 소년의 삶, 자기의 삶, 부모의 삶, 어른의 삶, 기나긴 삶, 이렇게 여섯 개의 장으로 구성되었습니다. 여기에 내용을 자세히 나누면 스포일러가 될까 조심스럽지만, 그림이 워낙 아름답고 절묘해서 책을 직접 읽고 싶은 마음이 생기시도록 이야기를 나눠 봅니다.

'아이의 삶'은 "여름날 빗속에서 우리가 어떻게 놀았는지 기억하나요?"라는 질문과 함께, '쏟아지는 빗속에서 알몸으로 하늘을 향해 입을 벌리고 있는 아이들의 순진무구한 웃음으로 시작되는 이야기입니다. 어린 시절 아이가 만지며 놀았던 민들레의 감촉, 여름 숲의 푸르름, 새하얀 겨울과 크리스마스의 신비, 그때의 호기심과 두근거리는 순간들이 펼쳐집니다. 끝없는 상상 속에서 어느 날은 나무 꼭대기의 새가 되기도 하고, 어느 날은 천하무적의 당당한 전사이기도 했다가 어느 날은 다친 상처에 울고, 다른 날은 불공평함에 화가 나서 싸우기도 합니다. 그림들과 함께 아이의 삶을 따라가다 보면, 빛바랜 사진들 속에 납작하게 눌려 있던 우리의 어린 시절이 하나하나 살아나 생기 있게 걸어 나오는 듯합니다. 그 시절을 정리하는 하나의 문장은, "하지만 당신이 그 시절에 사랑받았다고 느꼈으면 좋겠어요"입니다. 지난날들을 돌아보면 우리 삶도 순간순간 은총, 은총이었구나, 사랑, 사랑이었구나 하고 감사하는 마음으로 새로워집니다.

'소년의 삶'에서는 이제 천방지축 뛰어 놀진 않지만, 어딘지 앳되면서 한층 자란 모습이 안쓰러움과 사랑스러움을 동시에 품고 위태롭게 그려집니다. 향수를 쓰기 시작하고, 학교를 좋아하기도 하지만 대부분 그 길을 힘겹게 지나왔고, 어떤 날은 힘껏 반항했고, 달라진 모습에 어른들 걱정이 많아졌지만, 어느 날은 "너도 커피 한잔 하겠니?" 하며 물어온 어른과의 만남이 좋았고, 세상이 온통 뒤죽박죽으로 보이는 날도 있었고, 세상을 발밑에 둔 것 같은 때도 있었지만 생각한 만큼 훨훨 날 수 없는 현실이 작은 날개 아래 무겁게 놓이기도 했던 시간들입니다. '소년의 삶'을 지나 '자기의 삶'에서는 어른들 속에 섞여 열심히 살아 보지만 뭔가 어설프고, 어느 것이 내 길인지 확신이 들지 않으며 우울해지기도 합니다. 그러던 어느 날 사랑하는 사람을 만나 사랑에 흠뻑 젖어 지내다가, 결혼 후 일상을 살며 관계가 소원해지기도 하고, 서로 보폭을 맞추느라 씨름하다가 어떤 땐 지옥의 나락으로 떨어지기도 하고, 다시 함께할 힘을 얻기도 합니다.

'부모의 삶'은 "누가 좀 가르쳐 주면 좋겠어요"라는 하소연과 함께 뒤죽박죽인 날들을 그려내고 있습니다. 부모의 삶이란, 아침에도 낮에도 밤에도 쉬지 않고 이어지는 육아와 함께 커피 한 잔을 제대로 마실 수 없는 고단한 시간입니다. 때로는 자신에게 이런 괴팍한 면이 있었나 할 정도로 깜짝 놀라기도 하고, 혼자 있을 수만 있다면 어디에서 무엇을 하든 행복할 것 같습니다. 하지만 아이들의 사랑스러운 장난에 이대로 시간이 멈췄으면 하고, 아이들의 눈부신 성장에 함께 웃으며 사랑으로 모든 때를 채웁니다. 그리고 '어른의 삶'에서는 빗속에서 놀던 아이가 어디론가 떠나 버리고 비로소 자신이 누구인지 찾게 됩니다. 어떤 날은 자신을 매우 강하게 느끼지만, 어떤 날은 처참한 기분이 들기도 합니다. 아이들이 떠나 부부만 남은 조용한 집은, 부부가 더 가까워질 수 있는 기회이기도 하지만 어쩌면 지옥으로 떨어질지 모르는 위태로운 순간이 될 수도 있습니다. 그래서 다른 누군가를 찾아 새 만남을 가질 수도 있고, 혼자서 노를 저어 갈 수도 있습니다. 한편 이 시기는 늙은 부모를 돌봐드려야 하는 때이기도 합니다. '아이의 삶'에는 쏟아지는 비를 알몸으로 맞으면서도 환히 웃는 장면이 나오고, '어른의 삶'에는 비에 젖은 채 양손에 짐을 들고 거리를 헤매는 늙고 작은 엄마에게 우산 하나를 겨우 받쳐 주는 장면이 나옵니다. 이 두 장면이 무거운 웃음으로 대비되는 듯합니다. 분명한 사실은, 늙은 부모와 함께 우리도 늙어 가고 있다는 것입니다. 박준 시인은 「어떤 과거가 현재에 도착하듯이」라는 시에서, 우리 모두 어설픈 삶을 살아가고 있음을 이렇게 말했습니다.

그해 우리는
서로의 섣부름이었습니다.

부모의 시간도, 어른의 시간도 잘 살아 내고 싶었지만 돌아보면 모두 공평하게 미숙했음을 긍정하게 하는 시입니다. 부모 노릇을 어떻게 해야 하는지, 어른 역할이 무엇인지 모른 채 발등에 떨어진 불을 끄듯 허겁지겁 살아온 시간들입니다. 다시 돌아가서 그 시간을 살아낼 수 없어 미안하고 아쉽기만 합니다. 그럼에도 우리는 '그해'를 수십 번 지나 오늘까지 살아왔고, 지금 이 순간을 살면서 이 시간이 언젠가 '그해'의 이야기로 잘 도착하기를 꿈꿉니다. 전도서의 지혜자는 "세상에서 일어나는 일마다 알맞은 때가 있다"(전 3:1)고 하면서 이렇게 말했습니다.

> **하나님은 모든 것이 제때에 알맞게 일어나도록 만드셨다. 더욱이, 하나님은 사람들에게 과거와 미래를 생각하는 감각을 주셨다. 그러나 사람은, 하나님이 하신 일을 처음부터 끝까지 다 깨닫지는 못하게 하셨다. 이제 나는 깨닫는다. 기쁘게 사는 것, 살면서 좋은 일을 하는 것, 사람에게 이보다 더 좋은 것이 무엇이랴!** (전 3:11-12)

하나님의 뜻 아래서 세상 모든 일이 제때 알맞게 일어나고 있으며, 잠시 있다가 사라질 뿐인 인간은 하나님의 크고 비밀한 뜻을 다 알 수 없습니다. 우리가 할 수 있는 일은, 지금 이 순간 살아있는 동안 기쁘게 잘 살아가는 것입니다. 태어날 때와 죽을 때, 심을 때와 뽑을 때, 죽일 때와 살릴 때, 허물 때와 세울 때, 웃을 때와 울 때를 겪으며 우리는 무엇이 옳고 무엇이 그른지 알 수 없습니다. 다만 지금 허락된 모든 때를 선물로 받고 감사하며 살아가는 것이 우리의 일입니다. 통곡할 때도 있고 기뻐 춤출 때도 있지만, 중요한 것은 '지금'을 우리가 살고 있다는 것입니다. 월트 휘트먼(Walt Whitman)은 「나 자신의 노래」 3부에서 이렇게 노래했습니다.

지금이 있다는 것보다 더 나은 시작이란 결코 없었고
지금이 있다는 것보다 더 나은 젊음이나 늙음도 없었다.
그리고 지금이 있다는 것보다 더 나은 완벽이란 없을 것이고,
지금이 있다는 것보다 더 나은 천국이나 지옥도 없을 것이다.

이해할 수 없는 현실과 절망적인 예감들 속에서도 우리가 지금을 살아가고 있다는 것이 완벽한 날들의 즐거움임을 보여 주는 시입니다. 언제까지일지 모르지만 우린 '기나긴 삶'에 같이 들어섰습니다. 이제 연금수령자들의 노래를 불러야 하는 '노인의 삶'입니다. 한때 세상을 다 발밑에 둔 것 같았던 대단한 마음과 달리, 흰머리와 불뚝 튀어나온 배에 대비되는 깡마른 팔과 다리는 매일 봐도 낯섭니다. 눈앞에 보이는 세상도 너무 낯설어서 매번 두렵습니다. 하지만 손주들이 생기면서 크리스마스는 다시 신비롭고, 그동안 하고 싶었던 일을 맘껏 할 수 있는 시간이 생겼고, 무엇보다 지금 곁에 있는 사랑하는 사람 덕분에 삶의 든든함을 느낍니다. 물론 몸이 뜻대로 되지 않아 속상하기도 하고, 지금까지 있었던 일을 모두 잊어버리는 순간을 맞을 수도 있고, 사랑하는 이와 이별하는 상실을 경험하며 외로움을 느끼기도 하겠지만, 처음 그랬던 것처럼 맨 나중에도 내 삶의 모든 순간이 사랑받는 때였다고 고백할 수 있을 것입니다. 지금 우리는 이 '기나긴 삶'을 같이 지나고 있습니다. 물론 어느 날 갑자기 죽음의 찬 이슬이 우리 이마에 떨어지는 순간이 찾아오겠지만, 지금 이 순간 허락된 삶을 사랑하며 살아야 합니다.

기독교 사상가인 유영모 선생은 「우리는 이제를 타고 가는 목

숨」이라는 강연록에서 '오늘살이', '하루살이'는 하나님 자녀의 모습이지만, '마구살이'는 마귀의 자녀들이 사는 모습이라고 했습니다. '마구살이'란 허랑방탕하게 마구 사는 삶입니다. 지금 우리를 부르셔서 오늘살이, 이제살이, 여기살이를 하게 하신 하나님의 뜻에 따라 이젠 '살다'라는 동사를 생기 있게 뿜어내는 제철살이를 욕심껏 살아 보고 싶습니다.

있다

하나님이 이르시되 빛이 있으라 하시니 빛이 있었고
빛이 하나님이 보시기에 좋았더라. (창 1:3-4a, 개역개정)

창세기 첫 장에 기록된 동사(움직씨)와 형용사(꾸밈씨)의 깊고 아름다운 변주입니다. “있으라” 하시니 “있었고”, “보시기에 좋았더라.” 이어지는 창조 기사에서도 “있으라, 그대로 되니라, 좋았더라”라는 세 단계의 표현이 반복적으로 나타납니다. ‘있으라’ 해서 ‘있으니’가 ‘좋으니’가 되려면 ‘그대로 되는’ 동사의 일이 계속 되어야 합니다. 즉 ‘있으라’ 하는 본래 의도에 맞게 ‘있기’ 위해서는, '있으라' 한 대로 '되는' 동사가 쉬지 않고 움직여야 함을 보여줍니다. '있다'라는 말은 '없다'와 같이 어떤 상태를 나타내는 형용사로 쓰일 때도 있지만, 형용사로만 쓰이는 '없다'와 달리 '있다'는 동사로 더 활발히 쓰이고 있습니다. 여기서 저는 단지 '없다'의 반대 개념으로서 '있다'인 상태보다, '있다'는 동사로서 끊임없이 여기 '있는' 역동적인 '있기'를 생각해 보고 싶습니다. 히브리서 기자의 고백처럼 말씀으로 세계를 '있게' 하신 분이 지금도 그 능력의 말씀으로 '있게' 하신 것(만물)을 붙들고 계시며(있는), 오늘 우리를 여기에 이렇게 '있게' 하시기에 그 뜻대로 잘 '있기'를 소원하는 마음입니다.

거기 '있어' 주셔서 고맙습니다

연로하신 부모님을 뵐 때나 어르신들을 찾아 인사를 드릴 때 그분들이 문득 오래 살아 있어서 괜히 자녀들을 번거롭게 하고 폐를 끼쳐 미안하다고 말씀하실 때가 있습니다. 그때마다 이렇게 계셔 주셔서 감사하다고, 계신 덕분에 자녀들이 함께 모일 수 있고 보고 싶었던 얼굴들의 안부를 챙길 수 있으니 얼마나 좋으냐고, 이대로 더 계셔만 달라고 부탁드리곤 합니다. 의례적인 인사말이 아닌 이유는 실제로 부모님이 계시지 않는다면 장성한 자녀들이 자주 만나지 않을 테고, 찾아뵈어야 할 어르신이 안 계신다면 보고 싶은 사람들과의 관계가 소원해지고, 그분들에게서 배우고 익혀야 할 지혜의 영토가 그만큼 줄어들기 때문입니다. 어른이 거기 계시고, '친정'(親庭, 친한 뜰)이 거기 있기에 힘들고 외로울 때 생각만으로도 마음 한편이 따뜻하고 든든해지기 때문입니다. 내가 어디에서 출발했는지, 누구에게서 배웠는지, 지금 나의 이러한 '있음'이 그분의 그러한 '있음'에서 비롯되었음을 발견하며 새삼 고마운 시간입니다.

시인 이성복은 시인 김수영을 생각하면서 후대의 작가들이 글을 쓸 때마다 뭔가 삼가는 마음을 갖게 된다면서 이렇게 말했습니다. "내가 고작 이런 것을 썼구나, 우리 선생이라면 이것을 보고 뭐라고 하실까" 하는 마음입니다. 거기 선생님이 계시다는 것, 거기 어른이 계시다는 것만으로도 지금 여기서 내 삶의 태도가 달라진다는 말입니다. 그러면서 어른이 없는 것, 그것이 '어린애'라며 어른이 있는 사람의 풍부한 인격을 말했습니다. 안셀름 그륀은 『황혼의 미학』에서 늙음의 기술에 대해 논하며 "인생의 가을에는 업적을 쌓는 대신 그냥 존재하는 것만으로도 족하다"라고 했습니다. 노인의 삶은 더 이상 공로를 쌓아 남의 인정을 받을 필요가 없고, 그냥 '있는 것'으로 충분하다는 말입니다. 그냥 있지만 그 있음으로 누군가의 텅 빈 마음에 무엇을 있게 하는 조용한 신비를 말하는 듯합니다.

있던 자리에 그대로
돌은 그 자리에 앉아 있었어요.
물과 풀과 흙과 함께
원래 모습 그대로
있던 자리에 그대로

『돌 하나가 가만히』(브렌던 웬젤)라는 그림책 첫 장에 나오는 글입니다. '있다'라는 동사와 함께 이 책이 생각난 것은 나이가 들면서 점점 일과 동작의 크기가 줄어들지만 그냥 '있음'으로서 더 많은 '있음'을 가능케 하는 이야기를 나누고 싶어서입니다. 그 이야기는 강물이 흐르는 어느 곳에 가만히 놓여 있는 돌 하나를 중심으로 시작됩니다. 밤이 되면 돌은 어두컴컴했다가 달빛을 받으며 환히 빛나기도 합니다. 어두울 때는 까만 다람쥐가 숨어 있기 좋은 피난처가 되기도 하고, 잠시 달빛을 받아 환할 때는 어둠 속에서도 식물이 자랄 수 있는 힘을 얻기도 합니다. 해가 뜨고 세상의 모든 생명이 깨어나는 시끌벅적한 아침엔 새들이 단단한 조개를 물고 와 돌 위에 던져 아침을 구하기도 합니다. 돌은 있던 그 자리에 원래 모습 그대로 있지만, 민달팽이에겐 거친 돌이 되기도 하고, 고슴도치에겐 부드러운 자리가 되기도 합니다. 계절에 따라 푸른 이끼를 입은 초록색이 되기도 하고 단풍잎으로 덮여 빨간색이 되기도 하고 흰 눈이 내리면 꽁꽁 얼어붙어 파란색이 되기도 합니다. 절벽을 뛰어넘는 산양에게는 작은 돌멩이로 보이지만 말똥구리에게는 거대한 언덕으로 보이기도 하고요. 길 떠나는 철새들에게는 거기 항상 있어 줌으로써 표지가 되고, 개미에겐 지도가, 바닷가의 작은 게에겐 미로가 되기도 합니다. 돌 하나는 누군가에게는 위험이고, 누군가에게는 안식처이고, 누군가에게는 이야기이고, 누군가에게는 무대가 됩니다. 돌은 원래 모습 그대로 있던 자리에 있으면서 그를 둘러싼 수많은 존재에게 저마다의 풍경이 되어 주고 그들만의 특별한 이야기를 만들어 가도록 제자리에서 존재미(存在美)를 드러냅니다.

돌 하나가 가만히 원래 있던 자리에 그대로 '있음'으로 모든 존재를 있는 그대로 받아 주고, 거기서 자신들의 이야기를 맘껏 쓸 수 있는 풍경이 되어 준 것처럼, 오늘 내가 여기 있다는 사실이 누군가에게는 또 하루 살아갈 이야기의 배경이 될 수도 있습니다. 그런데 이처럼 '있기' 위해서는 '되다'의 동사가 필요합니다. 수동적인 있음이 아니라 "있으라" 하신 이의 의도에 맞게 있으려면 "그대로 되니라"의 능동적인 순종이 필요합니다. 시몬 베유(Simone Weil)는 『신을 기다리며』에서 "순종만이 시간의 손상을 견뎌낸다"고 했습니다. 지금 여기 나의 '있음'이 누군가의 존재를 훼손하지 않고 언제든지 쉴 수 있는 좋은 배경으로 있어 주려면, '순종하다'라는 동사와 함께 계속해서 좋은 사람이 되어 가야 합니다. 종종 나이가 들면 다른 사람의 말을 듣지 않고 고집이 세고 괴팍해진다는 이야기를 들을 때가 있습니다. 그 사람이 원래 그렇지 않았는데 나이가 들더니 안 좋게 변했다는 말입니다. 창조주께서 "있으라" 하신 대로 있지 않고, '내가 얼마나 경험이 많은데' 하면서 내 경력을 지키고 있으려니 좋지 못한 모습이 된 것입니다.

수고 보존의 법칙

얼마 전 튀르키예에 머물 일이 있었는데, 대학에서 재료공학을 가르치는 교수 부부와 매일 아침 묵상 나눔을 하면서 가끔 과학과 관련된 관찰과 적용을 나누는 즐거움을 누렸습니다. 그중 열역학 법칙에 관한 내용이 인상적이었습니다. 화학이든 물리학이든 모든 과학의 배경에는 두 가지 큰 법칙이 있는데, 하나는 열역학 제1법칙인 '에너지 보존의 법칙'이고, 또 하나는 열역학 제2법칙인 '무질서의 법칙'이라고 했습니다. 즉 에너지는 스스로 소멸하거나 생성되지 않고 외부에서 들어온 만큼 나간다는 1법칙과, 모든 자연계는 시간이 지남에 따라 무질서가 증가한다는 2법칙이 있는데, 모든 살아 있는 유기체가 계속해서 에너지와 물질을 교환하며 생명을 유지한다는 것입니다. 우리 또한 나이 들면서 모든 것이 점점 쇠락하지만, 우리 안에 생명의 말씀을 받아들임으로써 지금 이 '있음'을 계속 유지할 수 있는 에너지를 얻을 수 있다고 했습니다. 아무리 맛있는 음식이라도 그냥 놔두면 점차 상해 버리는 것처럼, 새 삶을 입은 우리도 생명의 양식인 말씀의 지속적인 공급 없이 그냥 놔두면 저절로 무질서하게 진행되어 부패하고 소멸할 수밖에 없다는 것입니다. 저와 함께 묵상을 나누던 과학자는 '에너지 보존의 법칙'처럼 우리에게는 '수고 보존의 법칙'이 있다면서, 계속해서 선한 일을 할 수 있는 존재로 살기 위한 수고가 더해질 때 생명의 '있음'이 영속된다는 말을 해주었습니다.

우리가 그를 힘입어 살며 기동하며 존재하느니라. (행 17:28, 개역개정)

우리는 우리를 있게 하신 창조주께서 우리 안에 불어넣어 주신 숨으로 살고 움직이고 여기 이렇게 존재하고 있습니다. 이렇게 있기까지 참 많은 일이 있었고 그 일을 통과해서 여기 있습니다. 그러므로 지금의 이 '있음'은 수고의 보상이며 은총의 기적인 것입니다. 이렇게 있는 매 순간이 고마운 선물로 주어진 것입니다. 정년퇴임 이후 저는 여행과 독서와 만남 등으로 조금은 한가로이 보내고 있는데, 종종 지금까지의 경력이 너무 아깝지 않느냐며 뭔가를 다시 시작하라고 채근하는 분들이 있습니다. 그러고 보면 우리 사회는 '인생은 60부터'라는 구호를 외치면서, 60세 이후에 뭔가를 새롭게 배우고 이뤄낸 사람들을 칭송하며 그들을 따라 살아야 멋진 인생이라는 일종의 압박감을 주는 듯합니다. 그래서 노년이 되어서도 사람들의 시선을 끌 만한 업적을 이루기 위해 많은 이들이 돈과 시간을 들여 이런저런 수고를 마다하지 않습니다. 물론 60세 이후에 제2의 인생을 살며 의미 있는 성취를 보여 주는 이야기에 귀를 기울이고 박수를 보내야 할 것입니다. 다만 저는 이제부터라도 어떤 '일'을 함으로써 인정받는 것보다 어떤 '사람'으로 있느냐에 좀 더 정성을 기울이고 싶다는 마음입니다. 나이가 들면서 지금까지와 다른 능력을 보여 주려고 어떤 일을 새롭게 시작하기보다, 내가 누구인지에 대한 존재로서의 멋을 드러내는 삶의 소중함을 생각하게 되어서입니다.

『있기 힘든 사람들』에서 도하타 가이토(東畑 開人)는 "우리는 누군가에게 온전히 의지할 때, 의존할 때 '진정한 자신'으로 있을 수 있다. 그럴 수 없으면 '가짜 자기'를 만들어 낸다. 그래서 '있기'가 괴로워지면 '하기'를 시작하는 것이다. 뒤집어 말해 우리가 어딘가에 '있기' 위해서는 그곳에 익숙해지고 그곳의 사람들에게 안심하며 몸을 맡길 수 있어야 한다"고 했습니다. 무엇을 하지 않으면 '있음'이 불편해지면서 가짜 모습이 많이 만들어질 수밖에 없다는 이야기입니다. 우리의 진짜 모습은 그동안 이뤄 낸 어떤 업적과 명성에서가 아니라, 그것들을 다 벗어 버리고 그냥 있을 때, 지금 관계하고 있는 것들과 이렇게 있을 때 나타납니다. 그러니 그냥 이렇게 있어도 괜찮습니다. 릴케는 『두이노의 비가』 제9비가에서 인간의 삶을 어렵게 계속하는 이유에 대해 이렇게 썼습니다.

> 아니, 그것은 이 지상에 살아 있다는 것이 중요하기 때문이다.
> 그리고 어쩌면 이 지상에 존재하는 모든 것이
> 우리를 필요로 할 것이기 때문이다.
> 그 사라지기 쉬운 것들이 이상스럽게도 우리와 관계하고 있기 때문이다.
> 가장 사라지기 쉬운 우리들과.

나가는 말

미래에 우리가 어떤 인간일 것인가를 모른다면 우리는 지금 우리가 누구인가도 알지 못한다. 이 늙은 남자, 이 늙은 여자, 이들 속에서 우리 자신의 모습을 인정하자. 우리가 우리 인간의 조건을 모두 받아들여 짊어지고자 한다면 그래야 한다. …그것은 정말 우리의 일이다.

— 시몬 드 보부아르(Simone de Beauvoir), 『노년』

책으로 엮기 위해 이전에 썼던 글들을 다시 읽고, 빼고, 새로 넣고 하면서 이 모든 이야기가 한 묶음 꽃다발이 되어 지금의 저에게 주는 선물처럼 다가옵니다. 조금 부족한 부분도 있고 과한 부분도 있지만, 같이 있어서 서로 어울리는 단어들이 주는 위안에 새삼 고마움을 느낍니다. 좀 더 힘을 내어서 '죽다'라는 동사를 쓰고 싶었지만, 여러 면에서 아직은 깜냥이 안 되어 더 끌고 가지 못한 아쉬움도 있습니다. 하지만 이렇게라도 헐렁하게 묶어서 오늘도 어떤 연약함에 둘러싸인 벗에게 내밀며 도란도란 나눌 수 있어서 다행이고 고맙습니다.

책의 내용이 대부분 노년이 되어 가는 길목에서 당혹감을 느끼는 나이에 맞춰 쓰인 것 같지만, 사실은 약해져 가는 자신의 조건을 이해하는 자라면 누구나 같이 읽고 공감할 수 있으리라 생각됩니다. 아직 젊다고 생각하는 이들은 노인의 느린 걸음과 상실의 눈빛을 이해하는 시작이 될 수 있고, 이제 나이 듦의 풍경 속에 들어선 이들은 좀 더 자연스럽게 연약함과 더불어 가만가만 걸으며 숨을 고를 수 있으리라 기대합니다. 결국은 우리 모두의 이야기입니다. 제가 나누고 싶은 이야기는 우리 모두 집을 향해 가고 있고, 그 길에 어떤 모습으로든지 지금 당신이 있어서 좋다는 말입니다. 고맙습니다.

본문에 언급된 그림책들

지난여름 할아버지 집에서, 아리안나 스퀼로니 글, 알바 마리나 리베라 그림, 뜨인돌어린이

순간수집가, 크빈트 부흐홀츠 지음, 보물창고

초코가루를 사러 가는 길에, 박지연 지음, JEI재능교육

코끼리 아저씨와 100개의 물방울, 노인경 지음, 문학동네

나랑 같이 놀자, 매리 홀 엣츠 지음, 시공주니어

새벽, 유리 슐레비츠 지음, 시공주니어

씨앗 100개가 어디로 갔을까, 이자벨 미뇨스 마르틴스 글, 야라 코누 그림, 토토북

까막눈, 최남주 글, 최승주 그림, 덩키북스

할아버지의 바닷속 집, 히라타 겐야 글, 가토 구니오 그림, 바다어린이

아저씨 우산, 사노 요코 지음, 비룡소

민들레는 민들레, 김장성 글, 오현경 그림, 이야기꽃

까먹어도 될까요, 유은실 글, 경혜원 그림, 창비

색깔손님, 안트예 담 지음, 한울림어린이

가만히 들어주었어, 코리 도어펠드 지음, 북뱅크

나의 를리외르 아저씨, 이세 히데코 지음, 청어람미디어

할머니의 뜰에서, 조던 스콧 글, 시드니 스미스 그림, 책읽는곰

꽃들에게 희망을, 트리나 폴러스 지음, 시공주니어

아무것도 없는 책, 레미 크루종 지음, 주니어RHK

돌 하나가 가만히, 브렌던 웬젤 지음, 북뱅크

삶의 모든 색, 리사 아이사토 지음, 길벗어린이

훨훨 간다, 권정생 글, 김용철 그림, 국민서관

강철 이빨, 클로드 부종 지음, 비룡소

바쁜 밤(いそがしいよる), 사토 와키코 지음

할아버지의 천사, 유타 바우어 지음, 비룡소

약함을 돌보는 단어들

지은이 김주련
펴낸곳 (사)한국성서유니온선교회 • 등록 제14-6호(1978. 10. 21.)

초판 발행 2025년 9월 25일 • 초판 2쇄 2025년 12월 18일
주소 05663 서울시 송파구 오금로 22길 13 • 전화 02-2202-0091 • 팩스 02-2202-0095
이메일 edit02@su.or.kr • 홈페이지 www.su.or.kr

ISBN 978-89-325-5077-0 03230

성서유니온선교회(Scripture Union)는 1867년에 영국에서 어린이 전도와 성경읽기 사역을 시작하여, 현재 120여 개국에서 다양한 사역을 펼치고 있는 국제 선교단체입니다.

한국성서유니온선교회는 1972년에 시작되어 한국 교회에 성경묵상(QT)을 소개하였고, 현재 전국 12개 지부에서 성경읽기, 어린이 · 청소년 전도, 캠프, 개인성경공부(PBS), 그룹성경공부(GBS), 지도자 훈련, 기독교 서적 출판 등의 사역에 힘쓰고 있습니다.

성서유니온선교회의 목적은 어린이와 청소년 그리고 그들의 가정에 하나님의 복음을 전하는 한편, 모든 그리스도인이 규칙적이고 체계적인 성경묵상을 통해 온전한 믿음에 이르도록 돕는 것입니다.